# CHINESE STORIES
# FOR LANGUAGE LEARNERS

ELEMENTARY

VOLUME 2

Chinese • Pinyin • English

LingLing

www.linglingmandarin.com

Copyright © 2025 Ling He (LingLing Mandarin)

All rights reserved. Ling He (LingLing Mandarin) owns copyright of all written content of the book. No part of this book including audio material may be reproduced or used in any manner without written permission of the copyright owner except for the use of quotations in a book review. For more information, contact:

enquiries@linglingmandarin.com

FIRST EDITION

Editing by Xinrong Huo
Cover art by HongHong Chinese Art

www.linglingmandarin.com

*My gratitude goes to my wonderful students who study Mandarin with me – you have inspired my writing and had given me valuable feedback to complete this book. Your support is deeply appreciated!*

*I would also like to thank Huo Xinrong, and Dai Zhiming for their contributions to the audio recordings.*

*Special thanks go to my husband Phil, who motivated my creation and assisted with the editing and proofreading of the book.*

# Access FREE AUDIO

Check the **"ACCESS AUDIO"** chapter for password and full instructions (see Table of Contents)

# TABLE OF CONTENTS

Introduction ... 1

Learning Tips ... 4

mín jiān chuán shuō
民 间 传 说

**Chinese Folktales** ... 7

wǔ shī de lái yuán
舞 狮 的 来 源

Lion Dance Origin Story ... 8

huáng dì de là bā zhōu
皇 帝 的 腊 八 粥

The Emperor's Porridge ... 14

dōng fāng shuò hé yuán xiāo
东 方 朔 和 元 宵

Dongfang Shuo and Yuan Xiao ... 20

shén huà gù shi
神 话 故 事

**Chinese Myths** ... 26

bǎi niǎo cháo fèng
百 鸟 朝 凤

Hundreds of Birds Paying Homage to the Phoenix ... 27

yú yuè lóng mén
鱼 跃 龙 门

The Fish Leaping Over the Dragon Gate ... 33

sūn wù kōng dà nào tiān gōng
孙 悟 空 大 闹 天 宫

The Monkey King's Rebellion Against Heaven ... 38

jīng diǎn yù yán
经 典 寓 言

**Classic Fables** ... 44

sān gè hé shang
三 个 和 尚

The Tale of Three Monks ... 45

jǐng dǐ zhī wā
井 底 之 蛙

The Frog in the Well ... 50

guī tù sài pǎo
龟 兔 赛 跑

The Tortoise and the Hare ... 56

xiàn dài gù shi
现 代 故 事

**Modern Stories** ... 62

shuāng bāo tāi zhī zhēng
双 胞 胎 之 争

The Fight of the Twins ... 63

xiǎo lì dé hóng bāo
小 丽 得 红 包

Xiaoli's Red Packet Victory ... 68

liú gāng de sān cì xiāng qīn
刘 刚 的 三 次 相 亲

Liu Gang's Three Blind Dates ... 74

| | | |
|---|---|---|
| lì shǐ gù shi<br>历 史 故 事 | **Chinese History** | **80** |
| kǒng zǐ jiè sǎn<br>孔 子 借 伞 | Confucius on Borrowing an Umbrella | 81 |
| wén chéng gōng zhǔ<br>文 成 公 主 | Princess Wencheng | 87 |
| zhuān yī de huáng dì<br>专 一 的 皇 帝 | The Emperor Who Loved Only One | 93 |
| lǐ dù táng shī<br>李 杜 唐 诗 | **Tang Poems of Li Bai and Du Fu** | **99** |
| jìng yè sī<br>静 夜 思 | Quiet Night Thought | 100 |
| jué jù<br>绝 句 | Quatrain Stanza | 106 |
| chéng yǔ gù shi<br>成 语 故 事 | **Chinese Idioms** | **112** |
| xiōng yǒu chéng zhú<br>胸 有 成 竹 | Having a Plan in Mind | 113 |
| xuě zhōng sòng tàn<br>雪 中 送 炭 | Providing Help in Times of Need | 118 |
| yì máo bù bá<br>一 毛 不 拔 | Never Part with a Penny | 124 |
| jiǔ ròu péng yǒu<br>酒 肉 朋 友 | Fair-weather Friend | 130 |
| yàn yǔ gù shi<br>谚 语 故 事 | **Chinese Proverbs** | **135** |
| yí wèn sān bù zhī<br>一 问 三 不 知 | Completely Clueless | 136 |
| rén bù kě mào xiàng<br>人 不 可 貌 相 | Don't Judge a Man<br>by Their Appearance | 142 |
| làng zǐ huí tóu jīn bú huàn<br>浪 子 回 头 金 不 换 | A Prodigal Who Returns<br>is Worth More Than Gold | 148 |
| dào bù tóng, bù xiāng wéi móu<br>道 不 同 , 不 相 为 谋 | Friends Who Follow Different Paths<br>Cannot Stay Together | 154 |

| | |
|---|---|
| Access Audio | 160 |
| Chinese Stories for Language Learners | 161 |
| New HSK Vocabulary Series | 162 |
| More Books by LingLing | 163 |
| About the Author | 164 |

# INTRODUCTION

Welcome to **Volume 2** of *Chinese Stories for Language Learners: Elementary*! Since the release of Volume 1, I've been overwhelmed by the positive feedback from learners around the world. It's been heartwarming to hear how much you've enjoyed the book and how helpful you've found it in your Chinese learning journey. In response to your enthusiastic support, I'm excited to continue the series with this new volume—designed especially for those who love learning Chinese language and culture through rich, engaging stories.

As many of you know, extensive and enjoyable reading is one of the most effective ways to build vocabulary, internalize sentence structure, and gain cultural insights. That's why, following the same approach as the first volume, I now present you with this new collection of Chinese folktales, myths, fables, idioms, proverbs, and historical and modern stories—all thoughtfully selected for elementary-level learners.

I hope this book not only makes your learning fun and accessible but also offers a deeper understanding of Chinese culture, that has flourished for over 5,000 years.

## ABOUT THE BOOK

This book contains **25 stories with expanded learning content**, written using key vocabulary and grammar points specifically drawn from the new HSK Elementary Levels 1 to 3. Each story is approximately 300 to 400 words in length. Most of the stories are well-known Chinese classics that explore a variety of themes and topics. They have been carefully selected from different areas of Chinese literature and culture, including:

- Chinese Myths
- Classic Fables
- Modern Stories
- Chinese History
- Chinese Idioms
- Chinese Proverbs
- Chinese Folktales
- Tang Poems of Li Bai and Du Fu

Each story is structured to support and enhance your learning, while making your journey both entertaining and memorable through the following features:

- Bilingual story in Chinese (simplified), Pinyin and English
- Chinese-only version of the story for self-assessment
- Key vocabulary lists to support learning and review
- Chinese sentence patterns with contextual examples
- Activities to encourage reflection and retention
- Learning tips and culture corner to deepen your understanding
- FREE downloadable AUDIO to improve your Chinese listening skills

Not only will you improve your Chinese with this book, but you'll also learn the original stories behind iconic Chinese cultural symbols and traditional festivals. You'll discover valuable life lessons and timeless wisdom from some of China's most notable classics. You'll explore powerful and touching stories that are deeply embedded in Chinese culture and continue to shape the values many Chinese people hold today. You'll also learn witty Chinese idioms and proverbs—short in form but rich in meaning—that are still frequently used in everyday conversation. Through these stories, along with learning tips and culture corners, you'll gain meaningful insights into both language and culture.

As the focus of this book is to assist learners of modern Chinese, all words and vocabulary are purposely drawn from contemporary vernacular. In some cases, such as in historical stories, certain words have been replaced with modern equivalents. For example, the term "capital city" was called 京城 (jīng chéng) in ancient days, but in this book, it is referred to as 首都 (shǒu dū) to reflect the modern usage.

## FREE DOWNLOADABLE AUDIO

Great news! The Chinese audio files for the book are a FREE gift for you, which you can access from the Access Audio page (see table of contents). I strongly encourage you to download and use the audio as part of your learning with this book.

## LEVEL UP YOUR LEARNING WITH COMPANION BOOKS

If you haven't yet picked up the first volume of this *Chinese Stories for Language Learners* series, be sure to check it out: **Chinese Stories for Language Learners: Elementary Vol. 1** — a complementary volume with unique stories designed to deepen your language skills while immersing you in rich cultural narratives.

To further strengthen your speaking and listening skills, I highly recommend using my book, **Chinese Conversations for Beginners**. Through short, engaging dialogues, you'll be immersed in authentic, everyday conversations from modern China.

## LEARN CHINESE WITH A NEW VISION

Chinese is one of the most varied, dynamic, and artistic languages in the world, developed over several thousand years. It is also one of the most widely spoken languages globally, and mastering it opens doors to new opportunities in life, travel, business, and personal growth.

Learning Chinese isn't just about mastering vocabulary—it's about exploring a new way of thinking, experiencing new perspectives, and gaining insight into a rich culture shaped over millennia. It's a journey that fosters lifelong growth, balance, and deeper understanding.

# LEARNING TIPS

## BE AN EFFECTIVE LEARNER

In Chinese, there is a saying: 事半功倍 (shì bàn gōng bèi) — **get twice the result with half the effort**. With the right learning method, you can speed up your progress significantly. While it may seem obvious, the best way to learn Chinese is to use it regularly, especially through speaking and listening. The more you practice, the more natural it becomes—like building muscle memory. But to succeed, you need a smart strategy.

Make the most of each story by focusing on language flow and **reading aloud** until you can read it naturally and fluently —imagine yourself as the storyteller. Use the accompanying audio to mimic pronunciation and tone. Here's a simple method to follow:

1. **Read** the bilingual version of each story to identify the new words and phrases in context, referring to the key vocabulary list and sentence patterns for usage.
2. **Listen** to the audio while following the text to pick up the correct pronunciation - pause and rewind if necessary.
3. **Practice** reading the text aloud until you can read the entire story fluently. Pay attention to transitional words and phrases to master the authentic language flow.
4. **Test** yourself by heading to the Chinese version of the story, and read it without the help of Pinyin and English. Mastering the Chinese on its own is the key to level up.
5. **Listen again** to the audio. Test yourself by listening to it without the help of the text. If you miss some parts, go back to check with the text. Keep practicing until you can comprehend the audio alone.

## REVIEW AND PRACTICE

Repetition is the mother of learning! Make sure you go back to each story and review the vocabulary and sentence patterns frequently. The more you review and practice, the better your Mandarin will be!

## BE YOUR OWN CREATOR

Become a true master through creation and application! Apply the vocabulary, phrases, and sentence patterns you learned from each story to your own conversations, whether in real-life practice or imaginary scenarios. Remember – the ultimate goal of learning Mandarin is to effectively communicate and understand the language in your own experiences. You can only achieve this by applying what you have learned in practice!

## BELIEVE IN YOURSELF

Believe in yourself and have confidence! Never be afraid of making mistakes. In real life, even advanced learners and native speakers make mistakes! Plus, mistakes only help us grow faster! So, never let mistakes put you off. Instead, be bold, embrace and learn from mistakes!

## SET GOALS AND STAY COMMITTED

Having a committed learning attitude and setting goals from small to big will lead you to great achievements in your Chinese learning journey. So stay committed and never give up! Just like this Chinese idiom:

*Nothing is Impossible to a Willing Heart*

民 mín
间 jiān
传 chuán
说 shuō

# Chinese Folktales

## 舞狮的来源
### wǔ shī de lái yuán
# LION DANCE ORIGIN STORY

cóng qián, fó shān yǒu yì zhī kǒng bù de yě shòu jiào nián shòu
从前，佛山有一只恐怖的野兽叫年兽。
**Once upon a time**, there was a **terrifying** beast called **Beast Nian** in Foshan.

tā tóu dà, shēn tǐ xiǎo; liǎn lǜ, yá chǐ fēng lì
它头大，身体小；脸绿，牙齿锋利；
It had a big **head** and a small **body**; its **face** was green and its **teeth** were sharp.

yǎn jīng xiàng huǒ hóng de tài yáng, zhuǎ zi xiàng yín sè de dāo piàn
眼睛像火红的太阳，爪子像银色的刀片。
Its **eyes** were like the fiery red **sun** and its **claws** were like silver **blades**.

nián shòu zǒng shì zài chú xī chū xiàn, bù jǐn pò huài zhuāng jia hái chī jiā qín
年兽总是在除夕出现，不仅破坏庄稼，还吃家禽。
Beast Nian **always** appeared on **New Year's Eve**, **not only** destroying crops **but also** eating poultry.

wèi le gǎn zǒu tā, rén men yòng le hěn duō fāng fǎ, dàn shì dōu méi yòng
为了赶走它，人们用了很多方法，但是都没用。
In order to **drive** it **away**, people used many **methods**, but all were **useless**.

hòu lái, yǒu gè cūn zi de rén men xiǎng dào le yí gè fāng fǎ
后来，有个村子的人们想到了一个方法。
Later, people in a **village** thought of a **method**.

他们用竹子、纸和布做了一头大狮子，
They made a big **lion** with bamboo, **paper** and cloth,

然后，在大狮子的身上涂了鲜艳的颜色。
and then painted **bright** colors on the **body** of the big lion.

为了让大狮子动起来，他们选了两个强壮的男人。
**In order** to make the big lion **move** (up), they **selected** two **strong** men.

一个人藏在狮头下，另一个人藏在狮尾下。
**One person** hid under the lion's head and **the other** hid under the lion's tail.

两个人一起跳来跳去，让大狮子看起来很凶猛。
The two **jumped around** together, making the big lion **look** very **fierce**.

为了制造响声，一群人在旁边敲锣打鼓。
In order to **make** sound, a group of people **beat gongs and drums** next to it.

除夕到了，年兽刚走到村口，就看到大狮子突然跳出来。
On **New Year's Eve**, Beast Nian had **just** walked to the **entrance of the village** when he saw the big lion suddenly **jump out**.

接着，一群人出现在大狮子的左边和右边敲锣打鼓。
Then, **a group of people** appeared on both sides (**left** and **right**) of the big lion, beating gongs and drums.

年兽非常怕大狮子，也怕"咚咚咚"的响声，马上就跑了。
Beast Nian was **extremely** afraid of the big lion and the "dong dong dong" **sound**, so it **ran away** immediately.

dà jiā hěn gāo xìng zhè gè fāng fǎ zhè me yǒu yòng　kāi shǐ qìng zhù xīn nián
大家很高兴这个方法这么有用，开始庆祝新年。

Everyone was very **happy** that this method was so **useful**, so they started **celebrating** the New Year.

yīn wèi shī zi shì bǎi shòu zhī wáng　dài biǎo yǒng gǎn hé jí xiáng
因为狮子是百兽之王，代表勇敢和吉祥，

Because the lion is **the king of beasts**, it represents **bravery** and **auspiciousness**,

suǒ yǐ　rén men jiào zhè tóu dà shī zi　shī wáng
所以，人们叫这头大狮子：狮王。

so people **called** this big lion the **Lion King**.

cūn mín yě kāi shǐ xùn liàn wǔ shī gāo shǒu　zài měi nián chú xī biǎo yǎn
村民也开始训练舞狮高手，在每年除夕表演。

The **villagers** also began to **train** lion dance masters to **perform** on New Year's Eve every year.

hòu lái　wǔ shī biǎo yǎn yuè lái yuè liú xíng　màn màn chuán biàn le zhōng guó
后来，舞狮表演越来越流行，慢慢传遍了中国。

Later, lion dance performances became **more and more** popular and gradually **spread throughout** China.

*Mane bristling, ears held high,*
*Like windswept sands it rushes by.*

- BAI JUYI -
772–846 A.D., TANG DYNASTY POET

 # CULTURE CORNER

The story of the **Beast Nian** — 年兽 (niánshòu) — is also widely regarded as the origin of Chinese New Year, while the story told here delves into the origins of the famous **Lion Dance** — 舞狮 (wǔ shī) — performed at major Chinese festivals and international competitions.

Foshan, in Guangdong, China, is believed to be the birthplace of the Lion Dance, symbolizing bravery, strength, and good fortune to ward off evil and bring prosperity. A key step of the performance is "**plucking the greens**" — 采青 (cǎi qīng) — where the lion "**eats lettuce**" — 生菜 (shēng cài) — because the Chinese for this action sounds like "**growing wealth**" — 生财 (shēng cái) — and then "spits" it out, symbolizing the spread of wealth. The lion takes a red envelope as a sign of receiving blessings, bringing prosperity and good luck, to the business or home where the Lion Dance is performed, especially during Chinese New Year.

In China, there are two main Lion Dance styles: the Northern Lion — 北狮 (běi shī) — with a shaggy, dog-like appearance and acrobatic performances often done in pairs; and the Southern Lion — 南狮 (nán shī) — with a more expressive face and dramatic movements, often used in ceremonies and competitions. Both styles reflect the skill of performers and the cultural traditions that bring communities together.

**If you and your team are going to enter a Lion Dance Competition, what name would you pick for your lion?**

| fēi tiān shī | qí shì shī | yīng wǔ shī |
|---|---|---|
| 飞天狮 | 骑士狮 | 英武狮 |
| Flying Lion | Knight Lion | Heroic Lion |

| yǒng shì shī | jiāng jūn shī | bà wáng shī |
|---|---|---|
| 勇士狮 | 将军狮 | 霸王狮 |
| Warrior Lion | General Lion | Overlord Lion |

## Key Vocabulary

| | | | | | | |
|---|---|---|---|---|---|---|
| shēn tǐ 身体 | n. | body | | cūn zi 村子 | n. | village |
| shēn shang 身上 | n. | on one's body | | cūn mín 村民 | n. | villager |
| gāo xìng 高兴 | adj. | happy | | yě shòu 野兽 | n. | beast |
| gāo shǒu 高手 | n. | master (of skills) | | nián shòu 年兽 | n. | Beast Nian |
| yǒu yòng 有用 | adj. | useful | | shī zi 狮子 | n. | lion |
| méi yòng 没用 | adj. | useless | | wǔ shī 舞狮 | n. | lion dance |
| zuǒ biān 左边 | n. | left (side) | | xīn nián 新年 | n. | New Year |
| yòu biān 右边 | n. | right (side) | | chú xī 除夕 | n. | Chinese New Year's Eve |
| tiào lái tiào qù 跳来跳去 | phr. | to jump around | | jí xiáng 吉祥 | n. | auspiciousnesss |

## Sentence Patterns

**不仅... 还...**

not only... but also...

*subject* + **不仅** (bù jǐn) + *verb phrase 1* + **还** (hái) + *verb phrase 2*

nián shòu bù jǐn pò huài zhuāng jia, hái chī jiā qín
年兽<u>不仅</u>破坏庄稼，<u>还</u>吃家禽。

Beast Nian <u>not only</u> destroyed crops <u>but also</u> ate poultry.

**越来越**

more and more

yuè lái yuè
**越来越** + *adjective/verb phrase*

wǔ shī biǎo yǎn yuè lái yuè liú xíng
舞狮表演<u>越来越</u>流行。

The lion dance performances became <u>more and more</u> popular.

# Chinese Version

从前，佛山有一只恐怖的野兽叫年兽。
它头大，身体小；脸绿，牙齿锋利；
眼睛像火红的太阳，爪子像银色的刀片。
年兽总是在除夕出现，不仅破坏庄稼，还吃家禽。
为了赶走它，人们用了很多方法，但是都没用。
后来，有个村子的人们想到了一个方法。
他们用竹子、纸和布做了一头大狮子，
然后，在大狮子的身上涂了鲜艳的颜色。
为了让大狮子动起来，他们选了两个强壮的男人。
一个人藏在狮头下，另一个人藏在狮尾下。
两个人一起跳来跳去，让大狮子看起来很凶猛。
为了制造响声，一群人在旁边敲锣打鼓。
除夕到了，年兽刚走到村口，就看到大狮子突然跳出来。
接着，一群人出现在大狮子的左边和右边敲锣打鼓。
年兽非常怕大狮子，也怕"咚咚咚"的响声，马上就跑了。
大家很高兴这个方法这么有用，开始庆祝新年。
因为狮子是百兽之王，代表勇敢和吉祥，
所以，人们叫这头大狮子：狮王。
村民也开始训练舞狮高手，在每年除夕表演。
后来，舞狮表演越来越流行，慢慢传遍了中国。

## 2

huáng dì de là bā zhōu
# 皇帝的腊八粥

# THE EMPEROR'S PORRIDGE
## LABA FESTIVAL ORIGIN

míng cháo de dì yī gè huáng dì jiào zhū yuán zhāng
**明朝**的第一个**皇帝**叫朱元璋。
The first **emperor** of the **Ming Dynasty** was called Zhu Yuanzhang.

dàn shì tā de fù mǔ bú shì fù rén ér shì qióng rén
但是，他的父母**不是**富人，**而是**穷人。
However, his parents were **not** wealthy people, **but** poor people.

tā xiǎo de shí hou zhù zài qióng kǔ de nóng cūn
他**小的时候**住在**穷苦**的农村。
**When he was a child**, he lived in an **impoverished** countryside.

fù mǔ shì nóng mín tā shì wèi fáng dōng fàng niú de nán hái
父母是**农民**，他是为**房东**放牛的男孩。
His parents were **farmers**, and he was a boy who herded cattle for the **landlord**.

yǒu yì nián dōng tiān tā qù tián lǐ fàng niú
有一年**冬天**，他去**田**里放牛。
One year in **winter**, he went to the **fields** to herd cattle.

zài guò hé de shí hou niú tū rán diào jìn hé lǐ shāng le jiǎo
在**过河**的时候，牛突然**掉进**河里，伤了**脚**。
When **crossing the river**, the cattle suddenly **fell into** the river and hurt its **feet**.

房东很生气，把朱元璋关起来，不给他吃的和喝的。

The **landlord** was very angry and **locked** Zhu Yuanzhang **up** without giving him **food** and **drink**.

朱元璋又冷又饿，在地上到处找东西吃。

Zhu Yuanzhang was cold **and** hungry, he looked everywhere **on the ground** for **things** to eat.

终于，他看到了一个老鼠洞，就伸手去摸。

Finally, he saw a **mouse** hole and **reached out** his **hands** to touch it.

他摸出了大米、红豆、红枣和谷子等等。

He **pulled out** rice, **red beans**, red dates, millet, **and so on**.

他马上用锅煮了一碗粥，大口地吃了。

He **immediately** cooked **a bowl of** porridge in a pot and ate it in **big mouthfuls**.

他很开心，觉得这是他吃过的最好吃的粥。

He was so **happy** and felt that it was the **most delicious** porridge he had ever eaten.

几十年后，他推翻了元朝，建立了明朝。

**A few decades** later, he **overthrew** the Yuan Dynasty and **established** the Ming Dynasty.

他当上了皇帝，成了最富的"富人"。

He **took the role of** emperor and became the **wealthiest** of all "wealthy men".

他住着最好的地方，吃着最好的饭菜。

He was living in the best **place** and eating the best **dishes**.

可是，他常常望向早上东方的太阳，

However, he often **looked toward** the morning **sun** in the east,

想着小的时候吃的那碗粥。

thinking about that bowl of **porridge** he ate **when** he **was a child**.

在十二月八号这天,他做了一样的粥。

That day, the **eighth of the twelfth month**, he made the **same** porridge.

然后,他请了家人朋友跟他一起吃。

Then, he invited his **family and friends** to eat **together** with him.

吃完后,他向他们讲了那碗粥的故事。

After eating, he **told the story of** that bowl of porridge to them.

他说:"在我最穷的时候,是这碗粥给了我希望。

He said: "When I was the **poorest**, it was **this bowl of porridge** that gave me **hope**.

它让我明白:哪怕现在日子苦,明天也可以更好!"

It made me understand: **Even if** days are bitter now, tomorrow can be better!"

接着,他叫这种粥腊八粥,定这个日期为腊八节。

Then, he called **this type of porridge** Laba porridge and **designated** this date **as** Laba Festival.

*Gold and jade are not true treasures;*
*frugality is the real treasure.*

- ZHU YUANZHANG -
1328 - 1398 A.D.
FOUNDING EMPEROR OF THE MING DYNASTY

 # CULTURE CORNER

The story of Emperor Zhu Yuanzhang's porridge is widely regarded as the origin of the **Laba Festival** — 腊八节 <sup>là bā jié</sup> — observed on the 8th day of the 12th month in the lunar calendar — 腊月 <sup>là yuè</sup>. It's a festival for family, reflection, and setting the tone for the upcoming Chinese New Year. **Laba porridge** — 腊八粥 <sup>là bā zhōu</sup>, a famous Chinese dessert — is made from eight ingredients, including a mix of grains, beans, nuts, and dried fruits. People typically share it with family, friends, and neighbors.

Emperor **Zhu Yuanzhang** — 朱元璋 <sup>zhū yuán zhāng</sup> (1328–1398 A.D.) — the founder of the Ming Dynasty, rose from extreme poverty to power. As a child, he endured a harsh life, which in turn made him strong and resilient in character, leading him to make extraordinary achievements in Chinese history. The Laba Festival, therefore, celebrates perseverance, humility, and the belief that even in tough times, better days are ahead. *The story of Zhu Yuanzhang's rise to emperor can be found in Intermediate Volume 2 of this series: The Grassroots Emperor ( 草根皇帝朱元璋 ).*

**In Chinese history, emperors rose to power in many different ways. If you were destined to become an emperor or empress, which path would you choose?**

**A** 从前任继承的皇位。
cóng qián rèn jì chéng de huáng wèi
Inherit the throne from predecessors.

**B** 革命领袖自立的皇位。
gé mìng lǐng xiù zì lì de huáng wèi
Claim the throne as a revolutionary leader.

**C** 白手起家的皇帝/女皇。
bái shǒu qǐ jiā de huáng dì / nǚ huáng
Become a self-made emperor or empress.

**D** 通过军事征服获得的皇位。
tōng guò jūn shì zhēng fú huò dé de huáng wèi
Seize the throne through military conquest.

# Key Vocabulary

| | | | | | | |
|---|---|---|---|---|---|---|
| 富人 fù rén | n. | wealthy people | | 农村 nóng cūn | n. | countryside |
| 穷人 qióng rén | n. | poor people | | 农民 nóng mín | n. | farmer |
| 穷苦 qióng kǔ | adj. | impoverished | | 日子 rì zi | n. | days (of life) |
| 地上 dì shang | n. | on the ground | | 日期 rì qī | n. | date (of time) |
| 地方 dì fang | n. | place | | 红枣 hóng zǎo | n. | red date (fruit) |
| 东西 dōng xi | n. | thing | | 红豆 hóng dòu | n. | red bean |
| 东方 dōng fāng | n. | east | | 吃的 chī de | n. | food |
| 房东 fáng dōng | n. | landlord | | 喝的 hē de | n. | drink |
| 父母 fù mǔ | n. | parents | | 饭菜 fàn cài | n. | dishes (food) |

# Sentence Patterns

**哪怕... 也...**

*even if / no matter how*
(express a concessive idea)

哪怕 nǎ pà + condition + 也 yě + result

哪怕现在日子苦,明天也可以更好!
nǎ pà xiàn zài rì zi kǔ, míng tiān yě kě yǐ gèng hǎo

*Even if days are bitter now, tomorrow can be better!*

**把...**

*describing a certain action*
(imperative sentence)

subject + 把 bǎ + object + verb

房东把朱元璋关起来。
fáng dōng bǎ zhū yuán zhāng guān qǐ lái

*The landlord locked Zhu Yuanzhang up.*

# Chinese Version

明朝的第一个皇帝叫朱元璋。
但是,他的父母不是富人,而是穷人。
他小的时候住在穷苦的农村。
父母是农民,他是为房东放牛的男孩。
有一年冬天,他去田里放牛。
在过河的时候,牛突然掉进河里,伤了脚。
房东很生气,把朱元璋关起来,不给他吃的和喝的。
朱元璋又冷又饿,在地上到处找东西吃。
终于,他看到了一个老鼠洞,就伸手去摸。
他摸出了大米,红豆,红枣和谷子等等。
他马上用锅煮了一碗粥,大口地吃了。
他很开心,觉得这是他吃过的最好吃的粥。
几十年后,他推翻了元朝,建立了明朝。
他当上了皇帝,成了最富的"富人"。
他住着最好的地方,吃着最好的饭菜。
可是,他常常望向早上东方的太阳,
想着小的时候吃的那碗粥。
在十二月八号这天,他做了一样的粥。
然后,他请了家人朋友跟他一起吃。
吃完后,他向他们讲了那碗粥的故事。
他说:"在我最穷的时候,是这碗粥给了我希望。
它让我明白:哪怕现在日子苦,明天也可以更好!"
接着,他叫这种粥腊八粥,定这个日期为腊八节。

# dōng fāng shuò hé yuán xiāo
# 东方朔和元宵

## DONGFANG SHUO AND YUAN XIAO
### LANTERN FESTIVAL ORIGIN

hàn cháo yǒu gè **yòu** hǎo xīn **yòu** fēng qù de guān yuán jiào dōng fāng shuò
汉朝有个又好心又风趣的官员叫东方朔。
In the Han Dynasty, there was a kind and witty official named Dongfang Shuo.

yì tiān tā zài **huáng gōng** lǐ kàn dào yí gè **shì nǚ** zài kū
一天,他在皇宫里看到一个侍女在哭。
One day, he saw a **maid** crying in the **emperor's palace**.

dōng fāng shuò **jiù** wèn nǐ shì shéi **zěn me** kū le
东方朔就问:"你是谁?怎么哭了?"
Dongfang Shuo **then** asked, "Who are you? **Why** are you crying?"

shì nǚ shuō wǒ jiào yuán xiāo yǐ jīng bā nián **méi néng** huí jiā kàn **fù mǔ** le
侍女说:"我叫元宵,已经八年没能回家看父母了。"
The maid said, "I'm Yuanxiao; I've **not been able** to go home to see my **parents** for 8 years."

dōng fāng shuò **tóng qíng** tā dá yìng huì bāng tā **hé** fù mǔ **jiàn miàn**
东方朔同情她,答应会帮她和父母见面。
Dongfang Shuo **sympathized with** her and promised to help her **to meet** her parents.

后来东方朔悄悄在首都传播坏消息：
Later, Dongfang Shuo secretly spread bad news in the capital city:

火神会在一月十六号带来火灾。
the God of Fire would bring a fire disaster on January 16th.

皇帝知道后很担心，就让东方朔想办法。
The emperor was very worried when he knew about it, so he asked Dongfang Shuo to think of a solution.

东方朔说："如果我们能让火神高兴，就不会有火灾。
Dongfang Shuo said, "If we can make the God of Fire happy, then there will be no fire disaster.

听说火神爱吃汤圆，您的侍女元宵做的汤圆最好吃。
I heard that the God of Fire loves to eat rice balls, and your maid Yuanxiao makes the most delicious rice balls.

您可以让她在一月十五号带大家做汤圆，
You can ask her to lead everyone to make rice balls on January 15th,

让人们在街上挂灯笼、放烟花，一起拜火神。"
let people hang lanterns and set off fireworks on the street to worship the God of Fire together."

皇帝点头，同意了东方朔的建议。
The emperor nodded and agreed with Dongfang Shuo's suggestion.

在一月十五晚上，城里所有的男人、女人、大人和小孩都出来了。
On the night of January 15th, all the men, women, adults and children in the city came out.

大家提灯笼、吃汤圆,看烟花;元宵的父母也来了。

Everyone carried **lanterns**, ate **rice balls** and watched fireworks; Yuanxiao's **parents** also came.

他们看到灯笼上有女儿的名字"元宵",

When they saw their daughter's name "Yuanxiao" **on the lanterns**,

就在街上喊:"元宵!"元宵听到后跑出去。

they **shouted** on the street: "Yuanxiao!" Yuanxiao **ran out** after hearing them.

她终于看到了父母,马上拥抱了他们。

She **finally** saw her parents and **hugged** them immediately.

在第二天,首都真的没有发生火灾。

On the **next day**, there **really** was no **fire disaster** in capital city.

皇帝很高兴,就定每年一月十五号为元宵节。

The **emperor** was very happy and **designated** the fifteenth day of the first month each year **as** the Lantern Festival.

众里寻他千百度,蓦然回首
那人却在,灯火阑珊处

*Searching for him thousands of times in the crowd,*
*suddenly turning around, I find him there,*
*where the lanterns are dim and sparse.*

— XIN QIJI —
1140 - 1207 A.D., SONG DYNASTY POET
GREEN JADE TABLE: LANTERN FESTIVAL NIGHT

# Culture Corner

The story of Dongfang Shuo and Yuanxiao is widely considered the origin of the **Lantern Festival** — 元宵节 (yuán xiāo jié). Because of this story, the traditional dessert of glutinous rice balls were also called **Yuanxiao** — 元宵 (yuán xiāo) — in old times. The festival falls on the 15th day of the Lunar New Year, marking the grand finale of the two-week Chinese New Year celebration. It welcomes the first full moon of the new year and the arrival of spring, making it a vibrant celebration of light that represents hope, renewal, and the triumph over darkness and evil spirits.

The Lantern Festival embodies themes of unity, harmony, and joy, drawing people together to immerse themselves in the festive atmosphere. Whether in ancient or modern China, the Lantern Festival is one of the most lively days of the year, featuring the most magnificent lantern displays.

## Lantern Festival Activity Matching

Guess and match the Lantern Festival activities with their descriptions below:

|  |  |
|---|---|
| Dance with a colorful dragon or lion to bring good luck | 赏花灯 (shǎng huā dēng) |
| Enjoy bright, colorful lantern displays symbolizing hope and prosperity | 吃汤圆 (chī tāng yuán) |
| Eating sweet rice balls that symbolize family unity | 放烟花 (fàng yān huā) |
| Set off colorful fireworks to celebrate | 舞龙舞狮 (wǔ lóng wǔ shī) |
| Walk on tall wooden stilts in vibrant costumes | 猜灯谜 (cāi dēng mí) |
| Solve puzzles attached to lanterns during the festival | 踩高跷 (cǎi gāo qiāo) |

# Key Vocabulary

| | | | | | | |
|---|---|---|---|---|---|---|
| hǎo xīn 好心 | adj. | kind-hearted | | nán rén 男人 | n. | man |
| hǎo chī 好吃 | adj. | delicious | | nǚ rén 女人 | n. | woman |
| tóng qíng 同情 | v. | to sympathize with | | dà rén 大人 | n. | adult |
| tóng yì 同意 | v. | to agree | | xiǎo hái 小孩 | n. | kid |
| chū lái 出来 | v. | to come out | | chuán bō 传播 | v. | to spread |
| chū qù 出去 | v. | to go out | | xiāo xi 消息 | n. | news |
| huǒ zāi 火灾 | n. | fire (disaster) | | chéng lǐ 城里 | n. | in the city |
| huǒ shén 火神 | n. | God of Fire | | shǒu dū 首都 | n. | capital city |
| dēng long 灯笼 | n. | lantern | | yuán xiāo jié 元宵节 | n. | Lantern Festival |

# Sentence Patterns

**又...又...**
(both)... and...

yòu + feature 1 + yòu + feature 2

yǒu gè yòu hǎo xīn yòu fēng qù de guān yuán
有个<u>又</u>好心<u>又</u>风趣的官员。

There was a <u>kind</u> <u>and</u> witty official.

**如果...就...**
If... (then)....

rú guǒ + condition + jiù + result
如果 + condition + 就 + result

rú guǒ wǒ men néng ràng huǒ shén gāo xìng, jiù
<u>如果</u>我们能让火神高兴,<u>就</u>
bú huì yǒu huǒ zāi
不会有火灾。

<u>If</u> we can make the God of Fire happy, <u>then</u> there will be no fire disaster.

# Chinese Version

汉朝有个又好心又风趣的官员叫东方朔。
一天，他在皇宫里看到一个侍女在哭。
东方朔就问："你是谁？怎么哭了？"
侍女说："我叫元宵，已经八年没能回家看父母了。"
东方朔同情她，答应会帮她和父母见面。
后来东方朔悄悄在首都传播坏消息：
火神会在一月十六号带来火灾。
皇帝知道后很担心，就让东方朔想办法。
东方朔说："如果我们能让火神高兴，就不会有火灾。
听说火神爱吃汤圆，您的侍女元宵做的汤圆最好吃。
您可以让她在一月十五号带大家做汤圆，
让人们在街上挂灯笼、放烟花，一起拜火神。"
皇帝点头，同意了东方朔的建议。
在一月十五晚上，城里所有的男人、女人、大人和小孩都出来了。
大家提灯笼、吃汤圆，看烟花；元宵的父母也来了。
他们看到灯笼上有女儿的名字"元宵"，
就在街上喊：元宵！"元宵听到后跑出去。
她终于看到了父母，马上拥抱了他们。
在第二天，首都真的没有发生火灾。
皇帝很高兴，就定每年一月十五号为元宵节。

神 *shén*

话 *huà*

故 *gù*

事 *shi*

# Chinese Myths

# 4
### bǎi niǎo cháo fèng
# 百鸟朝凤

## HUNDREDS OF BIRDS PAYING HOMAGE TO THE PHOENIX

hěn jiǔ yǐ qián, sēn lín lǐ yǒu yì zhī niǎo jiào fèng huáng
很久以前,森林里有一只鸟叫凤凰。
**A long time** ago, there was a bird in the **forest** called **Phoenix**.

tā de shēn tǐ **bǐ** bié de niǎo **dà**, dàn shì yǔ máo shǎo yán sè àn
它的身体<u>**比**别的鸟**大**</u>,但是**羽毛**少,**颜色**暗。
**Her**[1] body was **bigger than** other birds, but had fewer **feathers** and dull **colors**.

bié de niǎo bù **xǐ huān** tā shèn zhì bù **hé** tā **shuō huà**
别的鸟不**喜欢**它,甚至不**和**它**说话**。
**Other** birds didn't **like** her and didn't even **talk to** her.

měi cì dà jiā zài shù lín lǐ zhǎo chī de
**每次**大家在**树林**里找吃的,
**Every time** they looked for food in the **woods**,

bié de niǎo chī bǎo le, **yào me** wán, **yào me** xiū xi
别的鸟吃饱了,<u>**要么**玩,**要么**休息</u>。
other birds would **either** play **or** rest after being **fully fed**.

---

1   The Chinese pronoun 它(tā) is typically used for animals or objects and translates to "it" in English. In this story, it has been translated as "her" to reflect the Phoenix's character and role more naturally in the narrative.

只有凤凰,从早上忙到晚上。
**Only** Phoenix was busy **from** morning **to** night.

它一颗一颗地捡果子,然后储存在鸟巢里。
She would pick up fruits **one by one** and **store** them in her **nest**.

它们不懂凤凰的行为,说它又疯狂又贪心。
They didn't **understand** Phoenix's **behavior** and said she was crazy **and** greedy.

一年秋天,森林里有了旱灾,鸟儿们找不到吃的。
One **autumn**, there was a **drought** in the forest and the birds **couldn't find** food.

大家都非常担心,很怕会饿死。
Everyone was very **worried** and afraid of **starving to death**.

这时候,凤凰打开了它的鸟巢,
At this time, **Phoenix** opened her **nest**

把储存的干果和草籽分给大家。
and **distributed** the stored dried fruits and grass seeds **to** everyone.

鸟儿们非常感动,他们终于明白:
The birds were very **touched** and they finally **understood**:

原来凤凰不仅聪明,还有爱心!
It turned out that Phoenix was **not only** smart, **but also** compassionate (has compassion)!

旱灾过后,为了感谢凤凰的帮助,
After the **drought**, in order to **thank** Phoenix for her help,

大家都从身上拔下一根最漂亮的羽毛，
everyone **plucked** the most beautiful **feather** from their bodies,

做成五颜六色的鸟衣送给凤凰。
making a **colorful** bird coat and **gifted** it to Phoenix.

这件鸟衣让凤凰变成了神鸟，它也被大家尊为鸟王。
This bird coat **transformed** the Phoenix **into** a divine bird, and she was also **revered** by everyone **as** the Queen of Birds.

后来，每年春天凤凰过生日的时候，
Later, **every year** in spring when the phoenix **had** her **birthday**,

所有的鸟都会来为它庆祝，形成了百鸟朝凤。
all the birds would come to **celebrate for** her, forming **hundreds of birds paying homage to the phoenix**.

 # CULTURE CORNER

The story of *Hundreds of Birds Paying Homage to the Phoenix* imagines the origin of the Phoenix, a mythical and sacred bird in Chinese culture symbolizing virtue, grace, and prosperity. The Phoenix is often paired with the Dragon, which represents male, active energy and is associated with the emperor in ancient China, while the Phoenix embodies female, passive energy and is linked to the empress.

Together, the dragon and phoenix embody the ideal union of opposites, symbolizing a harmonious and prosperous relationship. They are still seen as metaphors for marital harmony and the balance of cosmic forces in modern times.

Because of this story, " 百 鸟 朝 凤 (bǎi niǎo cháo fèng) " became an idiom representing harmony under wise leadership, signifying unity, respect, and admiration for a noble leader.

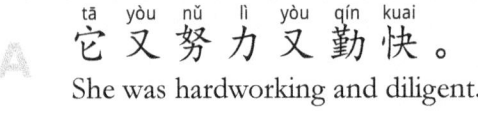

| bǎi | niǎo | cháo | fèng |
|---|---|---|---|
| 百 | 鸟 | 朝 | 凤 |
| hundred | bird | worship | phoenix |

**"harmony under wise leadership"**

**Based on the story, which characteristic of the Phoenix do you think was the main reason the birds made her their queen and paid homage to her?**

A
tā yòu nǔ lì yòu qín kuai
它又努力又勤快。
She was hardworking and diligent.

B
tā xīn xiōng kuān guǎng  bú jì hèn bié rén
它心胸宽广，不记恨别人。
She was broad-minded and didn't hold grudges.

C
tā kāng kǎi  yuàn yì hé bié rén fēn xiǎng
它慷慨，愿意和别人分享。
She was generous and willing to share with others.

D
tā yǒu ài xīn  yuàn yì wèi dà jiā fù chū
它有爱心，愿意为大家付出。
She was compassionate and willing to sacrifice for others.

# Key Vocabulary

| | | | | | | | |
|---|---|---|---|---|---|---|---|
| sēn lín 森林 | n. | forest | | gǎn dòng 感动 | adj. | touched |
| shù lín 树林 | n. | woods | | gǎn xiè 感谢 | v. | to thank |
| guǒ zi 果子 | n. | fruit | | niǎo ér 鸟(儿) | n. | bird |
| gān guǒ 干果 | n. | dry fruit | | niǎo cháo 鸟巢 | n. | bird nest |
| chūn tiān 春天 | n. | Spring | | dǒng 懂 | v. | to understand (comprehend) |
| qiū tiān 秋天 | n. | Autumn | | míng bai 明白 | v. | to understand (come to an understanding) |
| tān xīn 贪心 | adj. | greedy | | fèng huáng 凤凰 | n. | phoenix |
| dān xīn 担心 | v. | to worry | | yán sè 颜色 | n. | color |
| ài xīn 爱心 | n. | compassion | | wǔ yán liù sè 五颜六色 | idiom | colorful |

# Sentence Patterns

**…比…**
indicate comparison

A + 比 + B + *adjective/verb phrase*

它的身体比别的鸟大。
(tā de shēn tǐ bǐ bié de niǎo dà)

*Her body was bigger than that of other birds.*

**要么…要么…**
either… or…

要么 + *choice 1* + 要么 + *choice 2*

别的鸟要么玩，要么休息。
(bié de niǎo yào me wán, yào me xiū xi)

*Other birds would either play or rest.*

# CHINESE VERSION

很久以前,森林里有一只鸟叫凤凰。
它的身体比别的鸟大,但是羽毛少,颜色暗。
别的鸟不喜欢它,甚至不和它说话。
每次大家在树林里找吃的,
别的鸟吃饱了,要么玩,要么休息。
只有凤凰,从早上忙到晚上。
它一颗一颗地捡果子,然后储存在鸟巢里。
它们不懂凤凰的行为,说它又疯狂又贪心。
一年秋天,森林里有了旱灾,鸟儿们找不到吃的。
大家都非常担心,很怕会饿死。
这时候,凤凰打开了它的鸟巢,
把储存的干果和草籽分给大家。
鸟儿们非常感动,他们终于明白:
原来凤凰不仅聪明,还有爱心!
旱灾过后,为了感谢凤凰的帮助,
大家都从身上拔下一根最漂亮的羽毛,
做成五颜六色的鸟衣送给凤凰。
这件鸟衣让凤凰变成了神鸟,它也被大家尊为鸟王。
后来,每年春天凤凰过生日的时候,
所有的鸟都会来为它庆祝,形成了百鸟朝凤。

# 5  *yú yuè lóng mén*  鱼跃龙门

## THE FISH LEAPING OVER THE DRAGON GATE

**chuán shuō** huáng hé yǒu yí gè jiào **lóng mén** de dà **pù bù**
传说，黄河有一个叫龙门的大瀑布。

According to **legend**, there is a great **waterfall** on the Yellow River called the **Dragon Gate**.

**shéi** néng yuè guò tā **jiù** néng biàn chéng fēi lóng
谁能跃过它就能变成飞龙。

**Whoever** leaps over it **(then)** can become a flying dragon.

yīn wèi **lù chéng** wēi xiǎn **duō shù** yú dōu bú qù zhǐ yǒu **shǎo shù** yú qù
因为路程危险，多数鱼都不去，只有少数鱼去。

Because the **journey** is dangerous, **most** fish do not go, only **a few** go.

yǒu yì tiáo hóng yú **cóng xiǎo** jiù mèng xiǎng zhe **yuè guò** lóng mén
有一条红鱼，从小就梦想着跃过龙门。

There's a red fish who dreamed of **jumping over** the Dragon Gate **since** he[1] was **little**.

tā měi tiān **duàn liàn** shēn tǐ zài **shuǐ liú** jí de dì fang **xùn liàn** tiào yuè
它每天锻炼身体，在水流急的地方训练跳跃。

He **exercised** his body every day and **practiced** jumping in places with fast **currents**.

yǒu yì nián tā hé **yì qún yú** chū fā qù le **lóng mén**
有一年，它和一群鱼出发去了龙门。

One year, he and **a group of fish** set out for **Dragon Gate**.

1    The Chinese pronoun 它(tā) is used for animals and means "it." In this story, it is translated as "he" to give the red fish a more personal and heroic tone in English.

它们游了几天几夜，终于到达了龙门。

They swam for **several days and nights** and finally **arrived at** the Dragon Gate.

看着高大的龙门瀑布，它们激动极了！

Looking at the **tall and great** Dragon Gate waterfall, they were **extremely** excited!

大家努力往上游，一次又一次地跳跃。

Everyone **tried hard** to swim upstream and jumped **again and again**.

但是因为力气不够，它们被水流冲了回来。

But because they didn't have enough **strength**, they **were washed back by** the current.

后来，除了红鱼，其他鱼都放弃了。

Later, **except for** the red fish, the other fish **all** gave up.

同伴们看到它的尾巴受伤了，就对它说：

When his **companions** saw that his **tail** was injured, **then** they said to him:

"你的力气也不够，快点放弃吧。"

"You don't have enough **strength** either, give up **quickly**."

红鱼没有回答，忍着伤痛继续跳。

The red fish didn't **respond** and **continued** jumping, enduring pain from the injury.

直到它用尽力气，一下子跃过了龙门。

Until he **used up** all his strength and leaped over the dragon gate **in one go**.

接着，它的鱼鳞变成了龙鳞，鱼尾变成了龙尾。

Then, his **fish scales** turned into **dragon scales**, and his **fish tail** turned into a **dragon tail**.

它真的变成了一条飞龙，实现了"鱼跃龙门"。

He really **turned into** a flying dragon, **achieving** the "fish leaping over the dragon gate".

 # Culture Corner

The story of the *Fish Leaping Over the Dragon Gate* is a famous Chinese myth and a powerful symbol of success. Closely tied to the Yellow River and a site known as the "Dragon Gate" near Hancheng in Shaanxi Province, the tale tells of fish who must swim upstream and leap over a waterfall to become dragons.

This legend gave rise to the idiom " 鱼 跃 龙 门 " — which symbolizes a major breakthrough through perseverance and hard work.

yú　　　yuè　　　lóng　　　mén
鱼　　　跃　　　龙　　　门
fish　　leap　　dragon　　gate

**"a breakthrough to success"**

In Chinese culture, the dragon and phoenix symbolize success and prosperity; there are two common phrases parents recite to wish for their children's future success:

wàng zǐ chéng lóng
望 子 成 龙 — *may my son become a dragon*

wàng nǚ chéng fèng
望 女 成 凤 — *may my daughter become a phoenix*

**According to the story, what quality do you think helped the Red Fish succeed in leaping over the Dragon Gate when the other fish could not?**

**A**
tā bǐ qí tā yú nǔ lì
它 比 其 他 鱼 努 力 。
He worked harder than other fish.

**B**
tā bǐ qí tā yú yǒng gǎn
它 比 其 他 鱼 勇 敢 。
He was braver than other fish.

**C**
tā bǐ qí tā yú qiáng zhuàng
它 比 其 他 鱼 强 壮 。
He was stronger than other fish.

**D**
tā yǒng bú fàng qì de tài du
它 永 不 放 弃 的 态 度 。
His never-give-up attitude.

## Key Vocabulary

| | | | | | | | |
|---|---|---|---|---|---|---|---|
| duō shù 多数 | n. | majority; most | | yú wěi 鱼尾 | n. | fish tail | |
| shǎo shù 少数 | n. | minority; a few | | lóng wěi 龙尾 | n. | dragon tail | |
| nǔ lì 努力 | v. | to work hard | | huí lái 回来 | v. | to come back | |
| lì qi 力气 | n. | strength (physical) | | huí dá 回答 | v. | to answer; to respond | |
| bú guò 不过 | adv. | however | | tiào yuè (跳)跃 | v. | to jump; to leap | |
| bú gòu 不够 | adj. | not enough | | shí xiàn 实现 | v. | to achieve | |
| duàn liàn 锻炼 | v. | to exercise | | lù chéng 路程 | n. | journey | |
| xùn liàn 训练 | v. | to practise; to train | | pù bù 瀑布 | n. | waterfall | |
| yí xià zi 一下子 | phr. | in one go; all at once | | shuǐ liú 水流 | n. | water current | |

## Sentence Patterns

**...极了**
extremely

*adjective* + 极了 (jí le)

它们激动极了！(tā men jī dòng jí le)

They were <u>extremely</u> excited!

**除了...都...**
except / apart from
*(indicate exclusivity)*

除了 (chú le) + *exception* + 都 (dōu) + *statement*

除了红鱼，其他鱼都放弃了。(chú le hóng yú, qí tā yú dōu fàng qì le)

<u>Except</u> for the red fish, the other fish <u>all</u> gave up.

# Chinese Version

传说，黄河有一个叫龙门的大瀑布。
谁能跃过它就能变成飞龙。
因为路程危险，多数鱼都不去，只有少数鱼去。
有一条红鱼，从小就梦想着跃过龙门。
它每天锻炼身体，在水流急的地方训练跳跃。
有一年，它和一群鱼出发去了龙门。
它们游了几天几夜，终于到达了龙门。
看着高大的龙门瀑布，它们激动极了！
大家努力往上游，一次又一次地跳跃。
但是因为力气不够，它们被水流冲了回来。
后来，除了红鱼，其他鱼都放弃了。
同伴们看到它的尾巴受伤了，就对它说：
"你的力气也不够，快点放弃吧。"
红鱼没有回答，忍着伤痛继续跳。
直到它用尽力气，一下子跃过了龙门。
接着，它的鱼鳞变成了龙鳞，鱼尾变成了龙尾。
它真的变成了一条飞龙，实现了"鱼跃龙门"。

# 6. sūn wù kōng dà nào tiān gōng
# 孙悟空大闹天宫
## THE MONKEY KING'S REBELLION AGAINST HEAVEN

měi hóu wáng **sūn wù kōng** zài huā guǒ shān guò zhe **zì yóu** de shēng huó
美猴王**孙悟空**在花果山过着**自由**的生活。
The Monkey King **Sun Wukong** was living a **free** life in the Mount of Flowers and Fruit.

**wèi le** biàn qiáng dà tā xué le lì hai de fǎ shù hé wǔ shù
**为了**变强大，他学了厉害的法术和武术，
**In order to** become powerful, he learned fierce magic power and martial arts,

hái cóng dōng hǎi **lóng wáng** nà lǐ dé dào le **wǔ qì** jīn gū bàng
还从东海**龙王**那里得到了**武器**金箍棒。
he also got a **weapon** — the golden cudgel — from the **Dragon King** of the East China Sea.

zhè ràng tā de **míng shēng** yuè lái yuè dà tiān gōng de **xiān rén** hěn **jí dù**
这让他的**名声**越来越大，天宫的**仙人**很**嫉妒**。
This made his **fame** grow bigger and bigger, and the **immortals** of the Heavenly Palace became very **jealous**.

yú shì **yù dì** qǐng tā qù **tiān gōng** dāng guān **dǎ suàn** màn màn duì fu tā
于是，**玉帝**请他去**天宫**当官，**打算**慢慢对付他。
So, the **Jade Emperor** invited him to the **Heavenly Palace** to be an official, **planning** to handle him gradually.

sūn wù kōng dào hòu **fā xiàn** zì jǐ de **rì cháng gōng zuò** shì yǎng mǎ
孙 悟 空 到 后 **发 现** 自 己 的 **日 常 工 作** 是 养 马。

After Sun Wukong arrived, he **found** that his **daily job** was to attend horses.

tā jué de **bèi wǔ rǔ** le mǎ shàng **lí kāi** le tiān gōng
他 觉 得 **被 侮 辱** 了，马 上 **离 开** 了 天 宫。

He felt that he was **being** insulted and **left** the Heavenly Palace immediately.

huí dào huā guǒ shān hòu tā yòng le xīn chēng hào qí tiān dà shèng
回 到 花 果 山 后，他 用 了 新 称 号：齐 天 大 圣。

After **returning to** the Mount of Flowers and Fruit, he used a new **title**: The Great Sage - Heaven's Equal.

yù dì **tīng shuō** hòu jué de **méi miàn zi** yīn wèi zhè gè **chēng hào** qiǎng le
玉 帝 **听 说** 后 觉 得 **没 面 子**，因 为 这 个 **称 号** 抢 了
tā de **fēng tou**
他 的 **风 头**。

When the Jade Emperor **heard about** it, he felt that he was **losing face**, because this **title** stole his **limelight**.

yú shì yù dì yòu **pài rén** qù zhǎo tā **jiǎ zhuāng** chéng rèn tā de chēng hào
于 是 玉 帝 又 **派 人** 去 找 他，**假 装** 承 认 他 的 称 号，

So the Jade Emperor **sent someone** to find him again, **pretending** to recognize his **title**,

**ràng** tā huí tiān gōng **guǎn lǐ** táo yuán dǎ suàn qiāo qiāo **qiú jìn** tā
**让** 他 回 天 宫 **管 理** 桃 园，打 算 悄 悄 **囚 禁** 他。

**asking** him to return to the Heavenly Palace to **manage** the Peach Garden, planning to secretly **imprison** him.

yì tiān tā zài **táo yuán** tōu chī táo zi kàn dào **xiān nǚ** lái **zhāi táo zi**
一 天 他 在 **桃 园** 偷 吃 桃 子，看 到 **仙 女** 来 **摘 桃 子**。

One day, while he was secretly eating peaches in the **Peach Garden**, he saw the **fairies** come **to pick peaches**.

**wèi le** bì kāi tā men sūn wù kōng biàn chéng le yí gè dà táo zi
**为 了** 避 开 她 们，孙 悟 空 变 成 了 一 个 大 桃 子。

**In order to** avoid them, Sun Wukong turned into a big peach.

xiān nǚ bù zhī dào **táo zi** shì sūn wù kōng jiù **zhāi** le tā
仙 女 不 知 道 **桃 子** 是 孙 悟 空，就 **摘** 了 它。

The fairies didn't know that the **peach** was Sun Wukong, so they **picked** it.

她们在回去的路上说了玉帝想囚禁他的骗局。
On the way **back**, they talked about the Jade Emperor's **trick** to **imprison** him.

孙悟空听到后马上从桃子变回了自己。
When Sun Wukong heard it, he **immediately** changed from a peach back to **himself**.

他生气极了,飞到了玉帝的生日会,
He was **extremely** angry and flew to the Jade Emperor's **birthday party**,

抢了桌上的饭菜,踢了桌子,大吵大闹。
snatched the **dishes** on the table, kicked the table, and **caused an uproar**.

玉帝怕极了,让大量士兵去抓他,跟他打架。
The Jade Emperor was **extremely** scared and sent **a large number of** soldiers to **catch** him and **fight** him.

他们一直打到了天宫大门,但全被打败了。
They fought **all the way** to the **gate** of the Heavenly Palace, but **were** all defeated.

孙悟空回到了花果山,继续用"齐天大圣"的称号。
Sun Wukong **returned** to the Mount of Flowers and Fruit and **continued** to use the **title** of "Great Sage - Heaven's Equal."

 # CULTURE CORNER

The Monkey King, also known as **Sun Wukong** — 孙悟空 (sūn wù kōng) — is one of the most iconic figures in Chinese culture and mythology, based on the character from the classic novel **Journey to the West** 《西游记》(xī yóu jì). His rebellion against Heaven and the Jade Emperor symbolizes resistance against oppressive authority and the quest for personal freedom.

The Monkey King's character embodies the spirit of rebellion, freedom, and individuality, making him a symbol of personal empowerment amongst Chinese people. His popularity has endured for centuries, appearing in numerous adaptations—including TV shows, movies, video games, and even as a cultural icon in other parts of Asia.

**What's your opinion of the Monkey King's actions in crashing the heavenly banquet and rebelling against Heaven and the Jade Emperor?**

**A** 他太调皮,应该道歉。
tā tài tiáo pí, yīng gāi dào qiàn
He was too naughty and should apologize.

**B** 他太狂妄,应该改正。
tā tài kuáng wàng, yīng gāi gǎi zhèng
He was very arrogant and should correct himself.

**C** 他太勇敢,应该自由。
tā tài yǒng gǎn, yīng gāi zì yóu
He was very brave and should be free.

**D** 他太胆大,应该小心。
tā tài dǎn dà, yīng gāi xiǎo xīn
He was too bold and should be careful.

# Key Vocabulary

| | | | |
|---|---|---|---|
| zì yóu 自由 | adj. | free (unrestrained) | |
| zì jǐ 自己 | pro. | oneself | |
| wǔ shù 武术 | n. | martial art | |
| wǔ qì 武器 | n. | weapon | |
| dǎ suàn 打算 | v. | to plan to | |
| dǎ jià 打架 | v. | to fight (physical) | |
| dà liàng 大量 | quantifier | a large number of | |
| dà mén 大门 | n. | (big) gate | |
| dà chǎo dà nào 大吵大闹 | idiom | to cause an uproar | |
| huí dào 回到 | v. | to return to | |
| huí qù 回去 | v. | to go back | |
| táo zi 桃子 | n. | peach | |
| táo yuán 桃园 | n. | peach garden | |
| shēng qì 生气 | adj. | angry | |
| shēng rì huì 生日会 | n. | birthday party | |
| rì cháng 日常 | adj. | daily (day-to-day) | |
| qiú jìn 囚禁 | v. | to imprison | |
| piàn jú 骗局 | n. | trick | |

# Sentence Patterns

**...被...**
indicate passivity

bèi
**A + 被 + (B) + verb**

tā jué de bèi wǔ rǔ le
他觉得被侮辱了。

He felt that he was being insulted.

**为了...**
in order to...

wèi le
**为了 + purpose + clause**

wèi le bì kāi tā men　sūn wù kōng biàn chéng
为了避开她们，孙悟空变成
le yí gè dà táo zi
了一个大桃子。

In order to avoid them, Sun Wukong turned into a big peach.

# Chinese Version

美猴王孙悟空在花果山过着自由的生活。
为了变强大，他学了厉害的法术和武术，
还从东海龙王那里得到了武器金箍棒。
这让他的名声越来越大，天宫的仙人很嫉妒。
于是，玉帝请他去天宫当官，打算慢慢对付他。
孙悟空到后发现自己的日常工作是养马。
他觉得被侮辱了，马上离开了天宫。
回到花果山后，他用了新称号：齐天大圣。
玉帝听说后觉得没面子，因为这个称号抢了他的风头。
于是玉帝又派人去找他，假装承认他的称号，
让他回天宫管理桃园，打算悄悄囚禁他。
一天他在桃园偷吃桃子，看到仙女来摘桃子。
为了避开她们，孙悟空变成了一个大桃子。
仙女不知道桃子是孙悟空，就摘了它。
她们在回去的路上说了玉帝想囚禁他的骗局。
孙悟空听到后马上从桃子变回了自己。
他生气极了，飞到了玉帝的生日会，
抢了桌上的饭菜，踢了桌子，大吵大闹。
玉帝怕极了，让大量士兵去抓他，跟他打架。
他们一直打到了天宫大门，但全被打败了。
孙悟空回到了花果山，继续用"齐天大圣"的称号。

# 经典寓言

jīng diǎn yù yán

# Classic Fables

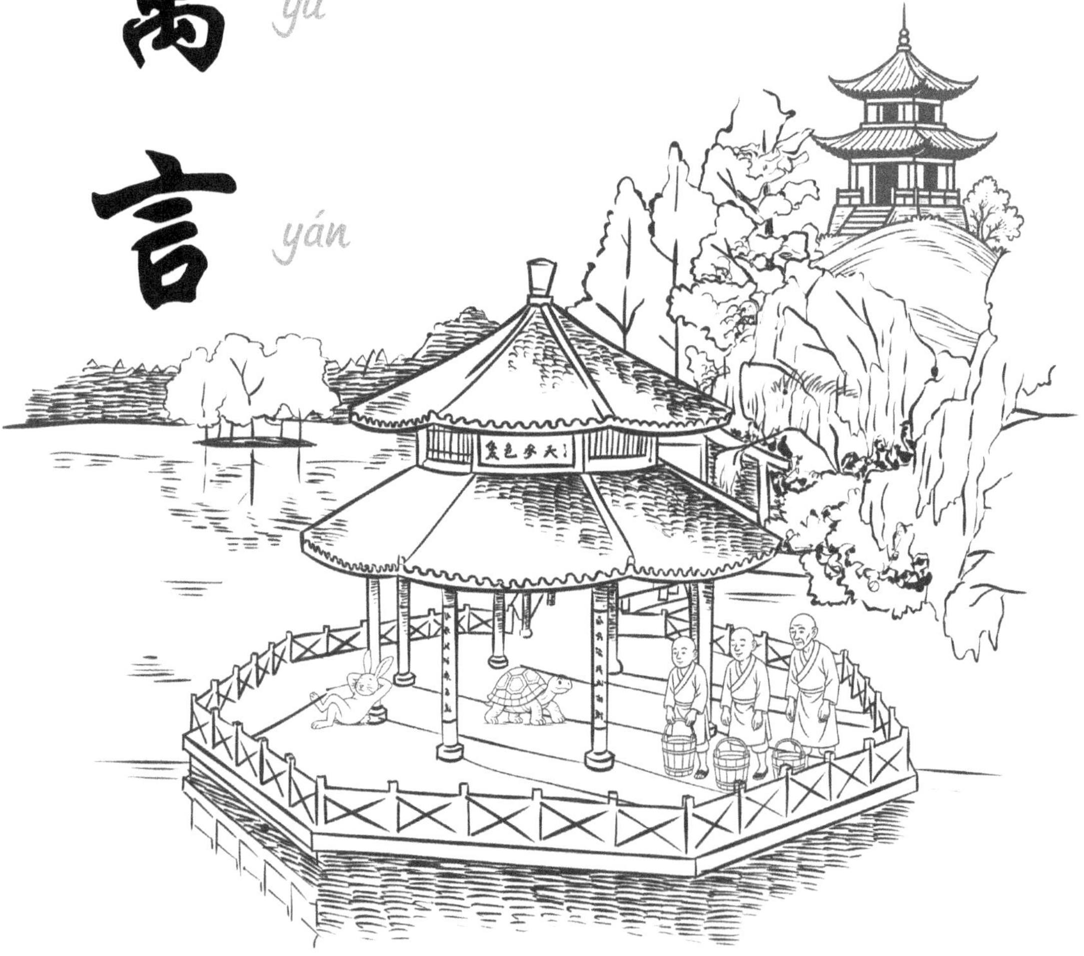

# 7

<sup>sān gè hé shang</sup>
# 三个和尚

## THE TALE OF THREE MONKS

cóng qián shān shang yǒu **yí zuò miào** miào lǐ yǒu gè xiǎo **hé shang**
从前山上有一座庙,庙里有个小和尚。

Once upon a time, there was **a temple** in the mountain, and there was a little **monk** in the temple.

tā měi tiān **tiāo shuǐ** zuò fàn **sǎo dì** gěi huā cǎo **jiāo shuǐ**
他每天挑水、做饭、扫地,给花草浇水。

Every day he **fetched water**, cooked, **swept the floor**, and **watered** the flowers and plants.

**bù jiǔ** lái le gè **shòu** hé shang
不久来了个瘦和尚。

**Soon**, a **thin** monk came.

tā **yí** dào **jiù** hē wán le shuǐ gāng lǐ de shuǐ
他一到,就喝完了水缸里的水。

**As soon as** he arrived, he drank all the water in the water tank.

xiǎo **hé shang** bù gāo xìng **jiù** ràng tā qù **tiāo shuǐ**
小和尚不高兴,就让他去挑水。

The little **monk** was unhappy, **so** he asked him to **fetch water**.

shòu hé shang **bù mǎn** jué de yí gè rén tiāo shuǐ **bù gōng píng**
瘦和尚不满,觉得一个人挑水不公平。

The skinny monk was **dissatisfied** and felt that it's **unfair** for him to fetch water alone.

tā shuō： nǐ bì xū gēn wǒ qù bù rán wǒ bú qù
他说："你必须跟我去，不然我不去。"
He said: "You **must** go with me, **otherwise** I won't go."

xiǎo hé shang bù dé bù dá ying jiù gēn shòu hé shang qù le
小和尚**不得不**答应，就跟瘦和尚去了。
The little monk **had to** agree, so he went **with** the skinny monk.

dàn tā men bù tíng de bào yuàn zuì hòu zhǐ tiāo le yì tǒng shuǐ
但他们不停地**抱怨**，最后只挑了一桶水。
**But** they **complained** non-stop, and in the end they **only** fetched **one bucket of water**.

hòu lái lái le gè pàng hé shang tā kě le xiǎng hē shuǐ
后来，来了个胖和尚，他渴了想喝水。
Later, a **fat** monk came, he was **thirsty** and wanted to drink water.

bú guò tā fā xiàn shuǐ gāng lǐ méi yǒu shuǐ
不过，他发现水缸里没有水。
**However**, he found that there was no water in the **water tank**.

xiǎo hé shang hé shòu hé shang jiù ràng tā qù tiāo shuǐ
小和尚和瘦和尚就让他去挑水。
The little monk and the **skinny** monk then asked him to **fetch water**.

pàng hé shang qù tiāo le yì tǒng shuǐ dàn shì hěn kuài jiù hē wán le
胖和尚去挑了一桶水，但是很快就喝完了。
The **fat** monk went to fetch **a bucket of water**, but **drank it up** quickly.

cóng cǐ tā men sān gè dōu bù zhǔ dòng tiāo shuǐ le
从此他们三个都不主动挑水了。
**From then on**, none of the three of them **took the initiative** to fetch water.

tā men yuè lái yuè lǎn měi tiān děng zhe bié rén tiāo shuǐ
他们越来越懒，每天**等着**别人挑水。
They became **more and more** lazy, **waiting** for others to fetch water every day.

màn màn de cǎo gāo le huā yě sǐ le
慢慢地，草高了，花也死了。
Gradually, the **grass** grew taller, and the **flowers** died.

yì tiān wǎn shang lǎo shǔ dǎ fān le là zhú yǐn qǐ le dà huǒ
一天晚上，老鼠打翻了蜡烛，引起了大火。
One night, a **mouse** knocked over a **candle** and caused a **big fire**.

sān gè hé shang bèi xià xǐng le tā men mǎ shàng hé hǎo yì qǐ miè huǒ
三个和尚被吓醒了，他们马上和好，一起灭火。

The three monks **were** awakened by the shock, and they **reconciled** immediately and **put out the fire** together.

tā men fā xiàn le tuán duì hé zuò de zhòng yào kāi shǐ gǎi zhèng
他们发现了团队合作的重要，开始改正。

They discovered the importance of **teamwork** and started to **make corrections**.

yīn wèi zhè gè gǎi biàn tā men měi tiān dōu yǒu shuǐ hē le
因为这个改变，他们每天都有水喝了。

Because of this **change**, they had water to drink **every day**.

 # CULTURE CORNER

The Chinese fable of the **Three Monks** — 三个和尚 (sān gè hé shang) — reflects key cultural values like cooperation, collective responsibility, and the risks of individualism. In the story, one monk fetches water easily, but when two more arrive, they have no water to drink.

Traditional Chinese culture highly values harmony and community, and the story reminds us that teamwork and prioritizing the group's needs are crucial for success.

**Now that the three monks have learned to work together, let's celebrate their teamwork by giving them a team name! Use the examples below to spark your imagination.**

| hé shang duì | hé xié duì | sān tóu duì |
|---|---|---|
| 和尚队 | 和谐队 | 三头队 |
| Monk Team | Harmony Team | Three-Headed Team |

| sān qiáng duì | tóng xīn duì | tóng lè duì |
|---|---|---|
| 三强队 | 同心队 | 同乐队 |
| Triple Strength Team | The United Team | Joy-Sharing Team |

## Key Vocabulary

| | | | | | | | |
|---|---|---|---|---|---|---|---|
| hé shang 和尚 | n. | monk | | bù dé bù 不得不 | adv. | have to (no choice) | |
| hé hǎo 和好 | v. | to reconcile | | gǎi biàn 改变 | n. | change | |
| dà huǒ 大火 | n. | (big) fire | | gǎi zhèng 改正 | v. | to make corrections | |
| miè huǒ 灭火 | v. | to put out fire | | yì qǐ 一起 | adv. | together | |
| jiāo shuǐ 浇水 | v. | to water (plants) | | yí gè rén 一个人 | adv. / n. | alone / one person | |
| hē shuǐ 喝水 | v. | to drink water | | pàng 胖 | adj. | fat | |
| bù jiǔ 不久 | adv. | soon (not long after) | | shòu 瘦 | adj. | skinny | |
| bù mǎn 不满 | adj. | dissatisfied | | bì xū 必须 | adv. | must | |
| bù rán 不然 | conj. | otherwise | | tuán duì 团队 | n. | team | |

## Sentence Patterns

**一... 就...**
as soon as / once / whenever

subject + 一 (yī) + action 1 + 就 (jiù) + action 2

他一到，就喝完了水缸里的水。
tā yí dào, jiù hē wán le shuǐ gāng lǐ de shuǐ

*As soon as he arrived, he drank all the water in the water tank.*

**...着**
indicate an ongoing activity

subject + verb + 着 (zhe) + (object)

他们每天等着别人挑水。
tā men měi tiān děng zhe bié rén tiāo shuǐ

*They were waiting for others to fetch water every day.*

# Chinese Version

从前山上有一座庙,庙里有个小和尚。
他每天挑水、做饭、扫地,给花草浇水。
不久来了个瘦和尚。
他一到,就喝完了水缸里的水。
小和尚不高兴,就让他去挑水。
瘦和尚不满,觉得一个人挑水不公平。
他说:"你必须跟我去,不然我不去。"
小和尚不得不答应,就跟瘦和尚去了。
但他们不停地抱怨,最后只挑了一桶水。
后来,来了个胖和尚,他渴了想喝水。
不过,他发现水缸里没有水。
小和尚和瘦和尚就让他去挑水。
胖和尚去挑了一桶水,但是很快就喝完了。
从此他们三个都不主动挑水了。
他们越来越懒,每天等着别人挑水。
慢慢地,草高了,花也死了,
一天晚上,老鼠打翻了蜡烛,引起了大火。
三个和尚被吓醒了,他们马上和好,一起灭火。
他们发现了团队合作的重要,开始改正。
因为这个改变,他们每天都有水喝了。

# 8

jǐng dǐ zhī wā
# 井底之蛙

## THE FROG IN THE WELL

zài yì kǒu **jǐng** lǐ zhù zhe yì zhī **qīng wā**
在一口井里住着一只青蛙。
There was a **frog** living in a **well**.

yì tiān yì zhī **hǎi guī** lù guò zhè kǒu **jǐng**
一天，一只海龟路过这口井。
One day, a **sea turtle** passed by the **well**.

qīng wā **kàn dào** tā jiù shuō lǎo **jiā huo** nǐ tíng yi tíng
青蛙看到它，就说："老家伙，你<u>停一停</u>，
The frog **saw** it, then said, "Old **fellow**, <u>stop a moment</u>,

wǒ shì zhè kǒu jǐng de **zhǔ rén** shì **shì jiè shang** zuì zì yóu de qīng wā
我是这口井的主人，是世界上最自由的青蛙。"
I am the **owner** of this well and the freest frog **in the world**."

hǎi guī **gǎn jué** qí guài qīng wā jiù shuō
海龟感觉奇怪，青蛙就说：
The turtle **felt** strange, the frog continued:

shì jiè **suī rán** xiǎo **dàn** wǒ de jǐng hěn dà
"<u>世界虽然小，但我的井很大。</u>
"(**Although**) the world is small, **but** my well is very big.

我可以在井边跳步，在井底散步。
I can **jump** on the edge of the well and **walk** at the bottom of the well.

有水的时候，我可以在井里游泳，
**When** there is water, I can **swim** in the well,

没水的时候，我也可以躺在井里睡觉。
**When** there is no water, I can also **lie** in the well **sleeping**.

不管是天上还是海里的动物，都没有我自由！
**No matter** animals in the sky or in the sea, they are **all** not as free as I am!

你如果不相信，就进来看看。"
If you don't **believe** it, then come in and take a look."

海龟试着进去，可是井口太小，卡住了它的腿。
The sea turtle **tried** to go in, but the **well mouth** was too small and its legs **got stuck**.

然后它对青蛙说："兄弟，你的井太小，我进不去。
Then it **said to** the frog, "**Brother**, your well is too small; I **cannot get in**.

你知道大海吗？它太大，大得让你看不到边际。
Do you know the **sea**? It is so big that you **can't see** the edge.

它太深，深得让你分不清方向。
It is so **deep** that you **can't tell** the direction.

有水灾的时候，海水不会涨多少。
When there is a **flood**, the sea water will not **rise** much.

有旱灾的时候，海水也不会少多少。
When there is a **drought**, the sea water will not **decrease** much either.

如果你在海里**游泳**，是没有**尽头**的。"
If you **swim** in the sea, there is no **end**."

青蛙**听到**后**停下**了所有的**动作**，
Upon **hearing** this, the frog **stopped** all its **movements**,

它**呆呆**地看着**海龟**，不说话了。
It stared **blankly** at the **sea turtle**, speechless (no more speaking).

 # Culture Corner

The Chinese fable **The Frog in the Well** — 井底之蛙 (jǐng dǐ zhī wā) — highlights the importance of humility and recognizing the limitations of one's understanding. This story aligns with Confucian and Daoist teachings, which advocate for self-awareness and the pursuit of continuous learning.

This story is the source of the well known Chinese idiom:

| 井 | 底 | 之 | 蛙 |
|---|---|---|---|
| well | bottom | of | frog |

"ignorant and narrow-minded"

**Here are four different opinions. Can you spot which two sound like the frog in the well?**

A
xiǎo yún wǒ zuì měi méi rén bǐ wǒ měi
小云：我最美，没人比我美！
Xiaoyun: I'm the most beautiful; no one is more beautiful than me!

B
xiǎo gāng wǒ shì bó shì dàn yào jì xù xué xí
小刚：我是博士，但要继续学习。
Xiaogang: I have a PhD, but I need to keep learning.

C
xiǎo hóng wǒ zhēn cōng míng bié de tóng xué jiù xiàng bèn dàn
小红：我真聪明！别的同学就像笨蛋！
Xiaohong: I'm so smart! The other classmates are like idiots!

D
xiǎo jiāng wǒ hái bú gòu chéng gōng yào bǎo chí qiān xū
小江：我还不够成功，要保持谦虚！
Xiaojiang: I'm not successful enough yet; I need to remain modest!

## KEY VOCABULARY

| | | | | | | | |
|---|---|---|---|---|---|---|---|
| dòng wù 动物 | n. | animal | | shuì jiào 睡觉 | v. | to sleep |
| dòng zuò 动作 | n. | movement | | gǎn jué 感觉 | v. | to feel; to sense |
| fāng biàn 方便 | adj. | convenient | | hǎi lǐ 海里 | n. | in the sea |
| fāng xiàng 方向 | n. | direction | | hǎi shuǐ 海水 | n. | sea water |
| sàn bù 散步 | v. | to walk | | yóu yǒng 游泳 | v. | to swim |
| tiào bù 跳步 | v. | to jump | | shuō huà 说话 | v. | to talk |
| jǐng biān 井边 | n. | edge of a well | | xiāng xìn 相信 | v. | to believe |
| jǐng dǐ 井底 | n. | bottom of a well | | qīng wā 青蛙 | n. | frog |
| shì jiè 世界 | n. | world | | hǎi guī 海龟 | n. | sea turtle |

## SENTENCE PATTERNS

**虽然...**
**但...**

(although)...but...

suī rán        dàn shì
**虽然 + *situation* + 但 ( 是 ) + *result/fact***

shì jiè suī rán xiǎo dàn wǒ de jǐng hěn dà
世界<u>虽然</u>小，<u>但</u>我的井很大。

<u>(Although)</u> the world is small, <u>but</u> my well is very big.

**...一...**

indicate a brief or casual action

yi
**verb + ( 一 ) + verb**

tíng yi tíng     kàn kan
停一停； 看看。

*Stop a moment; Take a look.*

# Chinese Version

在一口井里住着一只青蛙。
　一天，一只海龟路过这口井。
青蛙看到它，就说："老家伙，你停一停，
我是这口井的主人，是世界上最自由的青蛙。"
海龟感觉奇怪，青蛙就说：
"世界虽然小，但我的井很大。
我可以在井边跳步，在井底散步。
有水的时候，我可以在井里游泳，
没水的时候，我也可以躺在井里睡觉。
不管是天上还是海里的动物，都没有我自由！
你如果不相信，就进来看看。"
海龟试着进去，可是井口太小，卡住了它的腿。
然后它对青蛙说："兄弟，你的井太小，我进不去。
你知道大海吗？它太大，大得让你看不到边际。
它太深，深得让你分不清方向。
有水灾的时候，海水不会涨多少。
有旱灾的时候，海水也不会少多少。
如果你在海里游泳，是没有尽头的。"
青蛙听到后停下了所有的动作，
它呆呆地看着海龟，不说话了。

# 龟兔赛跑
### guī tù sài pǎo

## THE TORTOISE AND THE HARE

山谷里有一只兔子和一只乌龟。
shān gǔ lǐ yǒu yì zhī **tù zi** hé yì zhī **wū guī**

There was a **rabbit**[1] and a **tortoise** in the valley.

兔子不仅可爱，而且跑得快，很受欢迎。
tù zi **bù jǐn** kě ài **ér qiě** pǎo de kuài hěn **shòu huān yíng**

The rabbit was **not only** cute, **but also** ran fast, so she was very **popular**.

乌龟不仅矮小，而且走得慢，常常被嘲笑。
wū guī **bù jǐn** ǎi xiǎo **ér qiě** zǒu de màn cháng cháng bèi **cháo xiào**

The tortoise was **not only** small and short, **but also** walked slowly, so he was often **laughed at**.

兔子看不起乌龟，每次看到乌龟，都嘲笑它。
tù zi **kàn bu qǐ** wū guī **měi cì** kàn dào wū guī **dōu** cháo xiào tā

The rabbit **looked down on** the tortoise and **always** laughed at him **every time** she saw him.

一天,兔子和乌龟去参加动物聚会。
yì tiān tù zi hé wū guī qù **cān jiā** dòng wù **jù huì**

One day, the rabbit and the tortoise went to **attend** an animal **party**.

---

1　兔子 (tù zi) means "rabbit" and is used here as it is more common vocabulary than 野兔 (yě tù) —the word for "hare." The name of the story has been translated into its commonly recognised name in the west "The Tortoise and The Hare" but directly translates to the "tortoise rabbit race."

兔子在大家**面前**说:"哈哈,看看这个**没用**的乌龟!"

The rabbit said **in front of** everyone: "Haha, look at this **useless** tortoise!"

乌龟**受够了**,就说:"我们**比一比**,看谁跑得**最快**。"

The tortoise had **had enough** and said: "Let's **compete** to see who runs the **fastest**."

兔子**骄傲**地说:"好啊!我们马上**开始**。"

The rabbit said **proudly**: "Okay! Let's **start** right away."

动物们都**过来**当**观众**,一起**观看**它们的**比赛**。

The animals all **came over** to be **audience** and **watched** their **race** together.

它们从**起点**出发。兔子<u>又跑又跳</u>,冲在了**前面**。

They set off from the **starting point**. The rabbit <u>ran **and** jumped</u> and rushed to the **front**.

乌龟<u>又爬又走</u>,一直落在**后面**。

The tortoise <u>crawled **and** walked</u> and kept falling **behind**.

兔子看到<u>乌龟**离**它**远**</u>,就坐在树下**休息**。

The rabbit saw that the <u>tortoise was **far away from** her</u>[2], so she sat under a tree to **rest**.

过了**很久**,它看到乌龟还在**远处**。

After **a long time**, she saw that the tortoise was still in a **far-away place**.

于是,兔子就**躺下**睡着了。

So the rabbit just **lay down** and fell asleep.

---

2    The Chinese pronoun 它 (tā) is used for animals and means "it." For narrative clarity and tone, "she/her" is used in English to refer to the rabbit and "he/his" for the tortoise.

乌龟一直走，离终点越来越近。

The tortoise **kept** walking and **got closer and closer to** the finish point.

兔子醒来后，发现乌龟已经站在终点了。

When the rabbit **woke up**, she found that the tortoise was **already** standing at the **finish point**.

它不敢相信：乌龟赢了，自己输了！

She couldn't **believe** it: the tortoise **won** and she herself **lost**!

接着，大家走过去给乌龟鼓掌。

Then, everyone **walked over** and **applauded** the tortoise.

然后，它们对着兔子哈哈大笑。

Then they **laughed crazily** at the rabbit.

# Summary

The story of the race between *The Tortoise and the Hare* — 龟兔赛跑 (guī tù sài pǎo) — teaches the moral that slow and steady wins the race. It highlights the virtues of perseverance, humility, and consistent effort. In the fable, the overconfident hare, believing it will win easily, takes a nap mid-race. Meanwhile, the tortoise, though much slower, keeps moving steadily and ultimately wins through persistence and determination. Originally from Aesop's fables, this story is well known in the West—but it's also familiar to many in China.

It reminds us not to be overconfident and to value consistent effort over relying solely on natural ability or speed.

**If you were the tortoise and had just been declared the winner, what would you most want to say to the rabbit?**

A. 现在你才是最大的笑话！
(xiàn zài nǐ cái shì zuì dà de xiào hua)
Now you are the biggest joke!

B. 被嘲笑的滋味不好受吧？
(bèi cháo xiào de zī wèi bù hǎo shòu ba)
It doesn't feel good to be laughed at, does it?

C. 谦虚使人进步，骄傲使人落后！
(qiān xū shǐ rén jìn bù, jiāo ào shǐ rén luò hòu)
Humility makes people progress, pride makes people fall behind!

D. 我们握手做朋友，好吗？
(wǒ men wò shǒu zuò péng yǒu, hǎo ma)
Shall we shake hands and be friends?

# KEY VOCABULARY

| | | |
|---|---|---|
| 面前 miàn qián | *n.* | in front (of) |
| 前面 qián miàn | *n.* | front |
| 后面 hòu miàn | *n.* | back |
| 观众 guān zhòng | *n.* | audience |
| 观看 guān kàn | *v.* | to watch |
| 过来 guò lái | *v.* | to come over |
| 过去 guò qù | *v.* | to go over |
| 起点 qǐ diǎn | *n.* | starting point |
| 终点 zhōng diǎn | *n.* | finish point |
| 快 kuài | *adj.* | fast |
| 慢 màn | *adj.* | slow |
| 赢 yíng | *v.* | to win |
| 输 shū | *v.* | to lose |
| 比赛 bǐ sài | *n.* | race; competition |
| 睡着 shuì zháo | *v.* | to fall asleep |
| 醒来 xǐng lái | *v.* | to wake up |
| 兔子 tù zi | *n.* | rabbit |
| 乌龟 wū guī | *n.* | tortoise |

# SENTENCE PATTERNS

**每...**
**都...**

to emphasize the frequency of events

měi dōu
**每 + time + 都 + event**

tù zi měi cì kàn dào wū guī， dōu cháo xiào tā
兔子每次看到乌龟，都嘲笑它。

The rabbit <u>always</u> laughed at him <u>every time</u> she saw him.

**离...**

to indicate distance between two things

lí
**A + 离 + B + descriptor**

tù zi kàn dào wū guī lí tā yuǎn
兔子看到乌龟离它远。

The rabbit saw that the tortoise was <u>far away from</u> her.

# Chinese Version

山谷里有一只兔子和一只乌龟。
兔子不仅可爱,而且跑得快,很受欢迎。
乌龟不仅矮小,而且走得慢,常常被嘲笑。
兔子看不起乌龟,每次看到乌龟,都嘲笑它。
一天,兔子和乌龟去参加动物聚会。
兔子在大家面前说:"哈哈,看看这个没用的乌龟!"
乌龟受够了,就说:"我们比一比,看谁跑得最快。"
兔子骄傲地说:"好啊!我们马上开始。"
动物们都过来当观众,一起观看它们的比赛。
它们从起点出发。兔子又跑又跳,冲在了前面。
乌龟又爬又走,一直落在后面。
兔子看到乌龟离它远,就坐在树下休息。
过了很久,它看到乌龟还在远处。
于是,兔子就躺下睡着了。
乌龟一直走,离终点越来越近。
兔子醒来后,发现乌龟已经站在终点了。
它不敢相信:乌龟赢了,自己输了!
接着,大家走过去给乌龟鼓掌。
然后,它们对着兔子哈哈大笑。

现代故事
xiàn dài gù shi

Modern Stories

# 10

*shuāng bāo tāi zhī zhēng*
# 双胞胎之争
## THE FIGHT OF THE TWINS

jiāng wén hé jiāng wǔ shì yí duì tiān chā dì bié de shuāng bāo tāi xiōng dì
**江文和江武是一对天差地别的双胞胎兄弟。**
Jiang Wen and Jiang Wu are (a pair of) **twin** brothers who are **extremely different**.

jiāng wén **fèn fā yǒu wéi** shì yì jiā shì jiè wǔ bǎi qiáng jí tuán de **zǒng jiān**
**江文奋发有为，是一家世界五百强集团的总监。**
Jiang Wen **strives hard and achieves great things** and is a **director** of a Fortune 500 corporation.

tā shì gè **gōng zuò kuáng** měi zhōu **dà gài** gōng zuò qī shí gè xiǎo shí
**他是个工作狂，每周大概工作七十个小时。**
He is a **workaholic** who works **about** 70 hours a week.

yīn wèi **jí zhōng** jīng lì máng shì yè tā méi shí jiān **péi** qī zi
**因为集中精力忙事业，他没时间陪妻子。**
Because he's **focused** (effort) on his career, he had no time to **accompany** his wife.

**lí hūn** hòu tā yě bù lián xì **qián qī** xiàn zài hái shì **dān shēn**
**离婚后，他也不联系前妻，现在还是单身。**
After the **divorce**, he doesn't contact his **ex-wife** either and is still **single**.

jiāng wǔ **bú wù zhèng yè** shì gè **zì yóu zhí yè zhě**
**江武不务正业，是个自由职业者。**
Jiang Wu is **neglectful of work and duties** and is a **freelancer**.

他**又**帅**又**幽默，人见人爱，有过十个**前女友**。
He is handsome **and** humorous, **everyone's favorite**, and has had ten **ex-girlfriends** so far.

他**时而**和网络女友约会，**时而**和陌生人约炮。
He **sometimes** dates online girlfriends and **sometimes** hooks up with strangers.

在一次家庭**聚会**，江文向江武**炫耀**他的事业**成果**。
At a family **gathering**, Jiang Wen **showed off** his career **achievements** to Jiang Wu.

江武**嘲笑**他："你是个**合格**的总监，
Jiang Wu **mocked** him, saying: 'You are a **qualified** director,

但你**压力山大**，没有我自由。"
but you're **so stressed** (pressured) — you're **not as free as** I am."

江文**反问**他："你能**承担**没有事业的长期**后果**吗？
Jiang Wen **asked** him **back**: "Can you **bear** the long-term **consequences** of not having a career?

而且，你的私生活**合理**吗？"
Moreover, is your private life **reasonable**?"

这时候，旁边**侄子**的突然哭声**打破**了他们的**争吵**。
At this time, the sudden cry of the **nephew** next to them **broke** their quarrel.

母亲**连忙**说："大人是孩子的**榜样**！
The mother **hurriedly** said: "Adults are **role models** for children!

如果你们**以后**有孩子，还会这样**争吵**吗？"
If you have children **in the future**, will you still **quarrel** like this?"

tā suī rán méi yǒu **shuō pò** dàn shì hái zi de shì **shì** tā men zuì bù gǎn sī kǎo **de**
她 虽 然 没 有 **说 破**，但 是 孩 子 的 事 <u>**是** 他 们 最 不 敢 思 考 **的**</u>。

Although she didn't **say it outright**, but the matter of children **was** what they feared (dared not) to think about the most.

rán hòu tā men kàn zhe **duì fāng** dōu **qīng qīng** de xiào le
然 后 他 们 看 着 **对 方**，都 **轻 轻** 地 笑 了。

Then they looked at **each other** and both smiled **softly**.

 ## Culture Corner

This story shows that even people with similar backgrounds can take very different paths in life. It also reflects the traditional Chinese value placed on having children, which has long been seen as essential to maintaining marriages and strengthening family ties.

But in modern China, many younger people are rethinking this tradition. Pressures from work, the rising cost of raising children, and a stronger focus on personal goals and independence have made parenthood less of a necessity. These changing values are one reason behind the country's declining birth rate.

**Both Jiang Wen and Jiang Wu face challenges in their personal lives and careers. Imagine you are their mentor. Based on their situations, what advice would you give them to help them live more balanced and fulfilling lives?**

Use the following structure to form your advice:

wǒ jiàn yì nǐ　bú yào　　　yào　　　　duō　　　shǎo
我 建 议 你　不 要　...　要　...　; 多　...　少　...
I suggest you　not to　　but to　　; do more　do less

Now, offer your advice to each brother:

jiāng wén
江文 (to Jiang Wen): _____

jiāng wǔ
江武 (to Jiang Wu): _____

# Key Vocabulary

| | | |
|---|---|---|
| 集中 jí zhōng | v. | to concentrate |
| 集团 jí tuán | n. | corporation (company) |
| 合格 hé gé | adj. | qualified |
| 合理 hé lǐ | adj. | reasonable |
| 后果 hòu guǒ | n. | consequence |
| 成果 chéng guǒ | n. | achievement |
| 约会 yuē huì | v. | to date |
| 约炮 yuē pào | v. | to hook up |
| 工作狂 gōng zuò kuáng | slang | workaholic |
| 打破 dǎ pò | v. | to break |
| 说破 shuō pò | v. | to say outright (truth) |
| 前妻 qián qī | n. | ex-wife |
| 前女友 qián nǚ yǒu | n. | ex-girlfriend |
| 天差地别 tiān chā dì bié | idiom | extremely different |
| 人见人爱 rén jiàn rén ài | idiom | everyone's favourite |
| 奋发有为 fèn fā yǒu wéi | idiom | to strive hard and achieve greatness |
| 不务正业 bú wù zhèng yè | idiom | neglectful of work and duty |
| 压力山大 yā lì shān dà | slang | so stressed (pressure mountain big) |

# Sentence Patterns

### 时而... 时而...
**sometimes... sometimes...**

时而 shí ér + *action 1* + 时而 shí ér + *action 2*

他时而和网络女友约会，时而和陌生人约炮。
tā shí ér hé wǎng luò nǚ yǒu yuē huì, shí ér hé mò shēng rén yuē pào.

*He sometimes dates online girlfriends and sometimes hooks up with strangers.*

### 是...的
**to emphasize information**

*subject* + 是 shì + *emphasized information* + 的 de

孩子的事是他们最不敢思考的。
hái zi de shì shì tā men zuì bù gǎn sī kǎo de.

*The matter of the children was what they feared (dared not) thinking about the most.*

# CHINESE VERSION

江文和江武是一对天差地别的双胞胎兄弟。
江文奋发有为,是一家世界五百强集团的总监。
他是个工作狂,每周大概工作七十个小时。
因为集中精力忙事业,他没时间陪妻子。
离婚后,他也不联系前妻,现在还是单身。
江武不务正业,是个自由职业者。
他又帅又幽默,人见人爱,有过十个前女友。
他时而和网络女友约会,时而和陌生人约炮。
在一次家庭聚会,江文向江武炫耀他的事业成果。
江武嘲笑他:"你是个合格的总监,
但你压力山大,没有我自由。"
江文反问他:"你能承担没有事业的长期后果吗?
而且,你的私生活合理吗?"
这时候,旁边侄子的突然哭声打破了他们的争吵。
母亲连忙说:"大人是孩子的榜样!
如果你们以后有孩子,还会这样争吵吗?"
她虽然没有说破,但是孩子的事是他们最不敢思考的。
然后他们看着对方,都轻轻地笑了。

# 小丽得红包
## XIAOLI'S RED PACKET VICTORY

十二岁的小丽最爱春节,因为可以收很多红包。

12-year-old Xiaoli loves the **Spring Festival** the most because she can receive many **red packets**.

红包里的钱是她的零钱,可以用来买零食。

The money in the red packets is her **pocket money**, which can be used to buy **snacks**.

所以,不管收到多少钱,她都很开心。

So, **no matter** how much money she receives, she's **always** happy.

这天,全家吃完团圆饭,坐在客厅里聊天。

On this day, the **whole family** finished the **reunion meal** and sat in the living room **to chat**.

发红包的时刻将近，小丽非常激动。

The moment **to give out red packets** was **approaching**, and Xiaoli was very **excited**.

很快，**爷爷奶奶**和叔叔阿姨们**都**给了她红包。

Soon, **grandpa and grandma** (paternal), uncles and aunts **all** gave her red packets.

她**偷偷**打开，<u>**数**了一下</u>，**一共**两千六百元。

She **secretly** opened them and **counted** them quickly: **a total of** 2,600 yuan.

<u>**在**她偷笑**的时候**</u>，爸爸突然走过来，**严肃**地说：

**When** she was laughing secretly, her dad suddenly came over and said **seriously**:

"把红包给我，我帮你**存钱**，将来**上大学**用。"

"Give me the red packets, I will help you **save money** to use when you **go to college** in the future."

可是小丽**坚持**不给，说：

But Xiaoli **insisted on** not giving them, saying:

"随时**花钱**是我的**权利**！"

"It is my **right** to **spend money** at any time!"

看着爸爸**坚决**的态度，小丽**急中生智**，就问：

Seeing her dad's **firm** attitude, Xiaoli **demonstrated quick thinking under pressure**, so she asked:

"你<u>**小时候**</u>的红包也给了爷爷奶奶吗？

"Did you also give the red packets to my grandparents <u>**when** you **were a child**</u>?

需要我现在去问一下吗？"

Do you **need** me to **ask** them about it now?"

爸爸听后突然安静了，不知道怎么回答。

After hearing this, her dad **suddenly** became quiet and didn't know **how to** answer.

旁边的家人大笑，说小丽智商进步，爸爸智商退步。

The family members next to him **burst into laughter** and said that Xiaoli's IQ **improved** and her dad's IQ **declined**.

小丽得意地说："经历了那么多次，我当然有经验对付爸爸！"

Xiaoli **proudly** said, "After **going through** this so many times, of course I have the **experience** to handle Dad!"

 # CULTURE CORNER

This story highlights how Xiaoli cleverly used her wits to keep her red packets. During major celebrations like Chinese New Year or weddings, it's a tradition for family members to exchange **red packets** — hóng bāo 红 包 — typically from elders to children, while married adults give them to their parents. The amount of money usually contains lucky numbers like 6, 8, or 9. For kids, it's common that their red packets ends up being kept by their parents for "safekeeping."

Red packets for children during Chinese New Year are also called **lucky money** — yā suì qián 压 岁 钱 — symbolizing blessings for health and good fortune, as the term refers to "money to ward off evil spirits and bring good fortune."

**Imagine you are about to receive a red packet from someone. Which of the amounts and symbolizations below do you prefer, and why?**

¥99.99

*Symbolizes "lasting forever"*

cháng cháng jiǔ jiǔ
长 长 久 久

Often given to express long-lasting relationships or good wishes for endurance and stability.

¥520

*Sounds like "I love you"*

wǒ ài nǐ
我 爱 你

A romantic amount, often used between couples or loved ones to express affection.

¥888

*Symbolizes "prosperity and wealth"*

fā fā fā
发 发 发

In Chinese culture, the number 8 is considered especially lucky for business and success.

¥10,001

*Symolizes the idiom "a rare gem, one in ten thousand"*

wàn lǐ tiāo yī
万 里 挑 一

A phrase used to describe someone truly exceptional or unique.

## Key Vocabulary

| | | | | | | | |
|---|---|---|---|---|---|---|---|
| 零钱 | líng qián | n. | pocket money | 存钱 | cún qián | v. | to save money (storing) |
| 零食 | líng shí | n. | snack | 花钱 | huā qián | v. | to spend money |
| 家人 | jiā rén | n. | family member | 进步 | jìn bù | v. | to improve |
| 全家 | quán jiā | n. | whole family | 退步 | tuì bù | v. | to decline |
| 坚持 | jiān chí | v. | to insist | 经历 | jīng lì | v. | to go through; to experience |
| 坚决 | jiān jué | adj. | firm (attitude) | 经验 | jīng yàn | n. | experience |
| 将近 | jiāng jìn | v. | to approach (time) | 得意 | dé yì | adj. | proud; pleased |
| 将来 | jiāng lái | n. | future | 智商 | zhì shāng | n. | IQ |
| 聊天 | liáo tiān | v. | to chat | 急中生智 | jí zhōng shēng zhì | idiom | quick thinking under pressure |

## Sentence Patterns

**不管... 都...**
*no matter/ whether... always...*

bù guǎn
**不管** + *situation* + *subject* + **都** + *result*

bù guǎn shōu dào duō shǎo qián, tā dōu hěn kāi xīn
不管收到多少钱，她都很开心。

*No matter how much money she receives, she's always happy.*

**在... 的时候**
*when (at the time of...)*

zài                     shí hou
( **在** ) + *verb* + **时候** + *clause*

zài tā tōu xiào de shí hou, bà ba tū rán zǒu guò lái
在她偷笑的时候，爸爸突然走过来。

*When she was laughing secretly, her dad suddenly came over.*

# CHINESE VERSION

十二岁的小丽最爱春节,因为可以收很多红包。
红包里的钱是她的零钱,可以用来买零食。
所以,不管收到多少钱,她都很开心。
这天,全家吃完团圆饭,坐在客厅里聊天。
发红包的时刻将近,小丽非常激动。
很快,爷爷奶奶和叔叔阿姨们都给了她红包。
她偷偷打开,数了一下,一共两千六百元。
在她偷笑的时候,爸爸突然走过来,严肃地说:
"把红包给我,我帮你存钱,将来上大学用。"
可是小丽坚持不给,说:
"随时花钱是我的权利!"
看着爸爸坚决的态度,小丽急中生智,就问:
"你小时候的红包也给了爷爷奶奶吗?
需要我现在去问一下吗?"
爸爸听后突然安静了,不知道怎么回答。
旁边的家人大笑,说小丽智商进步,爸爸智商退步。
小丽得意地说:"经历了那么多次,我当然有经验对付爸爸!"

# 12 刘刚的三次相亲
## *liú gāng de sān cì xiāng qīn*
## LIU GANG'S THREE BLIND DATES

刘刚来自上海,是个三十岁的软件开发师。
Liu Gang **comes from** Shanghai, a 30-year-old **software** developer.

在朋友的介绍下,他参加了一场精彩的相亲会。
**Through the introduction of** a friend, he attended a splendid blind date event.

在这里,他见到了三位不同风格的女士。
Here, he met three ladies with **different styles**.

第一位叫林雨,是个相貌出众的模特,比他小四岁。
The first one was named Lin Yu, a **model** with an outstanding **appearance**, who was 4 years younger than him.

一见面,她就问:"你做什么工作,有车有房吗?"
**As soon as** they met, she asked: "What's your job, do you **own a car and a house**?"

liú gāng **huí dá** le gōng zuò　　lín yǔ biǎo shì **bǐ jiào** mǎn yì
刘刚**回答**了工作,林雨表示**比较**满意。
Liu Gang **answered** his job, and Lin Yu indicated she's **relatively** satisfied.

rán hòu tā shuō **zhǐ yǒu** chē　bú guò **jù yǒu** mǎi fáng de **xìn xīn** hé **jué xīn**
然后他说**只有**车,不过**具有**买房的**信心**和**决心**。
Then he said he **only had** a car, but he **had** the **confidence** and **determination** to buy a house.

lín yǔ yǒu diǎn **shī wàng**　dàn shì biǎo shì huì **kǎo lǜ** gēn tā jiāo wǎng
林雨有点**失望**,但是表示会**考虑**跟他交往。
Lin Yu was a little **disappointed**, but indicated that she would **consider** dating him.

dì èr wèi jiào wáng yuè　shì gè xiàng mào **zhōng shàng** de **jiān zhí** hù shi bǐ tā dà sān suì
第二位叫王月,是个相貌**中上**的**兼职**护士,比他大三岁。
The second one was called Wang Yue, a **part-time** nurse with an **above-average** appearance, 3 years older than him.

tīng le liú gāng de **zì wǒ jiè shào** hòu　tā chēng zàn tā **shàng jìn**
听了刘刚的**自我介绍**后,她称赞他**上进**。
After listening to Liu Gang's **self-introduction**, she praised him for being **progressive**.

rán hòu tā shuō　wǒ bú **zài hu** chē fáng　kě shì wǒ **lí guò hūn**
然后她说:"我不**在乎**车房,可是我**离过婚**,
Then she said: "I don't **care about** car and house, however I **have divorced**,

hái yǒu yí gè liǎng suì de ér zi　nǐ **zài yì** ma
还有一个两岁的儿子,你**在意**吗?"
and I have a two-year-old son, do you **mind**?"

liú gāng **hái méi** xiǎng hǎo **jù tǐ** de huí dá　tā yòu shuō
刘刚**还没**想好**具体**的回答,她又说:
Liu Gang **hadn't yet** thought of a **specific** response before she added:

wǒ zhǐ xiǎng zhǎo gè **kě kào** de rén　ràng wǒ hé hái zi **yī kào**
"我只想找个**可靠**的人,让我和孩子**依靠**。"
"I just want to find a **reliable** person on whom I and my child can **rely**."

刘刚说会**好好考虑**，然后和她聊了新的**话题**。

Liu Gang said he would **give it some serious thought**, then started chatting with her about a new **topic**.

第三位叫杨云，是个相貌一般的**全职**警察，和他一样大。

The third one was called Yang Yun, a **full-time** police officer with an average appearance, **the same age as** him.

她说："我比较**保守**，不算**开放**；重视**精神**生活。

She said: "I'm relatively **conservative**, not considered as **open-minded**; I value **spiritual** life.

我的思维是**客观**的，不是**主观**的，所以找**对象**很**警惕**。"

My thinking is **objective**, not **subjective**, so I'm very **cautious** when looking for a **partner**. "

刘刚觉得她**有趣**，性格**不是**强势**就是**强大。

Liu Gang thought she was **interesting**, and that her personality was **either** bossy **or** powerful.

接着，杨云问了他的**梦想**和**兴趣爱好**。

Then, Yang Yun asked him about his **dreams** as well as **interests and hobbies**.

两人的话题**越来越**多，然后**扫码**加了微信。

The two had **more and more** topics to talk about, and then they **scanned QR codes** to add each other on WeChat.

 # Culture Corner

This story follows Liu Gang through three blind dates with different women, highlighting what people prioritize when finding a partner in modern China, particularly women. Practical considerations, like cars, houses, savings, and relationship history, could dominate the first meetings, as the search for a spouse is typically viewed through a pragmatic lens.

Hence, **blind dates** — 相亲 (xiāng qīn) — remain popular, with a clear focus on marriage as the end goal. These dates are arranged not just by family and friends but also by matchmaking organizations or even local governments.

**If you were invited by Liu Gang as a relationship advisor, which lady do you think he should choose or not choose?**

Use the following structure to form your advice:

你应该选择 (nǐ yīng gāi xuǎn zé) ... 因为 (yīn wèi) ... 而且 (ér qiě) ...
You should choose ... because ... moreover ...

---

你最好不要考虑 (nǐ zuì hǎo bú yào kǎo lǜ) ... 毕竟 (bì jìng) ... 更别说 (gèng bié shuō) ...
You'd better not consider ... after all ... not to mention that ...

---

# Key Vocabulary

| | | | | | | | |
|---|---|---|---|---|---|---|---|
| jīng cǎi | 精彩 | adj. | splendid | jiān zhí | 兼职 | n. | part-time |
| jīng shén | 精神 | n. | spirit | quán zhí | 全职 | n. | full-time |
| jù tǐ | 具体 | adj. | specific | zài hu | 在乎 | v. | to care about |
| jù yǒu | 具有 | v. | to have or possess (quality) | zài yì | 在意 | v. | to mind |
| jué xīn | 决心 | n. | determination | jǐng chá | 警察 | n. | police officer |
| xìn xīn | 信心 | n. | confidence | jǐng tì | 警惕 | adj. | alert; cautious |
| yī kào | 依靠 | v. | to rely on | kè guān | 客观 | adj. | objective |
| kě kào | 可靠 | adj. | reliable | zhǔ guān | 主观 | adj. | subjective |
| kāi fā | 开发 | v. | to develop | qiáng shì | 强势 | adj. | bossy |
| kāi fàng | 开放 | adj. | open-minded | qiáng dà | 强大 | adj. | powerful |

# Sentence Patterns

**在...
下...
through /
under / via...**

zài + *someone* + 的 + *noun* + *clause*

在朋友的介绍下，他参加了一场精彩的相亲会。

*Through the introduction of a friend, he attended a splendid blind date event.*

**不是...
就是...
either... or...**

bú shì + *option 1* + jiù shì + *option 2*

她的性格不是强势就是强大。

*Her personality was either bossy or powerful.*

# Chinese Version

刘刚来自上海，是个三十岁的软件开发师。
在朋友的介绍下，他参加了一场精彩的相亲会。
在这里，他见到了三位不同风格的女士。
第一位叫林雨，是个相貌出众的模特，比他小四岁。
一见面，她就问："你做什么工作，有车有房吗？"
刘刚回答了工作，林雨表示比较满意。
然后他说只有车，不过具有买房的信心和决心。
林雨有点失望，但是表示会考虑跟他交往。
第二位叫王月，是个相貌中上的兼职护士，比他大三岁。
听了刘刚的自我介绍后，她称赞他上进。
然后她说："我不在乎车房，可是我离过婚，
还有一个两岁的儿子，你在意吗？"
刘刚还没想好具体的回答，她又说：
"我只想找个可靠的人，让我和孩子依靠。"
刘刚说会好好考虑，然后和她聊了新的话题。
第三位叫杨云，是个相貌一般的全职警察，和他一样大。
她说："我比较保守，不算开放；重视精神生活。
我的思维是客观的，不是主观的，所以找对象很警惕。"
刘刚觉得她有趣，性格不是强势就是强大。
接着，杨云问了他的梦想和兴趣爱好。
两人的话题越来越多，然后扫码加了微信。

# 历史故事 lì shǐ gù shi

# Chinese History

# 13. kǒng zǐ jiè sǎn<br>孔子借伞

## CONFUCIUS ON BORROWING AN UMBRELLA

chūn qiū shí qī, kǒng zǐ chū shēng zài lǔ guó de yí gè fù yù jiā tíng
**春秋**时期，孔子**出生**在鲁国的一个**富裕家庭**。
During the **Spring and Autumn** Period, Confucius was **born** in a **wealthy** family in the State of Lu.

tā de bà ba shì guān yuán, mā ma shì jiā tíng zhǔ fù
他的爸爸是**官员**，妈妈是**家庭主妇**。
His dad was an **official** and his mom was a **housewife**.

kǒng zǐ sān suì nà nián, bà ba hū rán qù shì, ràng jiā lǐ biàn de pín qióng
孔子三岁**那年**，爸爸**忽然**去世，让家里变得**贫穷**。
**The year** when Confucius was 3, his dad **suddenly** passed away, which made the family fall into **poverty**.

tóng nián shí qī, tā yì biān xué xí, yì biān zuò jiā wù
**童年**时期，他<u>**一边**学习，**一边**做家务</u>。
During his **childhood**, he was studying **while** doing household chores.

tā qín xué hào wèn, bǐ qí tā hái zi gèng chéng shú
他**勤学好问**，<u>比其他孩子**更成熟**</u>。
He was **diligent and inquisitive**, and **more mature than** other children.

shào nián shí qī, tā jiù dài mā ma chéng dān le jiā tíng zé rèn
**少年**时期，他就代妈妈**承担**了家庭**责任**。
During his **early youth**, he already **took on** family **responsibilities** on behalf of his mom.

kǒng zǐ shí qī suì **nà nián** mā ma yě **sǐ** le dàn tā yǐ jīng **dú lì** le
孔子十七岁那年，妈妈也死了，但他已经独立了。
**The year** when Confucius was 17, his mom also **died**, but he was already **independent**.

tā **bó xué duō cái** zài dāng dì fēi cháng **yǒu míng**
他博学多才，在当地非常有名。
He was **knowledgeable and talented** and very **famous** in the local area.

zài **qīng nián** shí qī tā zuò le **zhèng fǔ** guān yuán
在青年时期，他做了政府官员。
In his **adult youth**, he became a **government** official.

zài **zhōng nián** shí qī tā zuò le **lǎo shī** cóng shì **jiào yù**
在中年时期，他做了老师，从事教育。
In his **middle age**, he became a **teacher** and engaged in **education**.

tā **cháng cháng** dài xué shēng men qù **fǎng wèn** qí tā guó jiā
他常常带学生们去访问其他国家。
He **often** took his students to go **to visit** other states.

yí cì tā hé xué shēng men **chū mén** hū rán **xià yǔ** le
一次，他和学生们出门，忽然下雨了。
Once, he and his students **went out** and it suddenly **rained**.

yí gè xué shēng **duì tā shuō** lǎo shī zǐ xià de **jiā** jiù zài **qián miàn**
一个学生对他说："老师，子夏的家就在前面。
A student **said to** him: "Teacher, Zixia's **house** is just **in front**.

wǒ men qù tā jiā **jiè sǎn** kě yǐ ma
我们去他家借伞，可以吗？"
Shall we go to his house to **borrow umbrellas**?"

kǒng zǐ què **yáo tóu** xué shēng jiù wèn tā **wèi shén me**
孔子却摇头，学生就问他为什么。
However Confucius **shook** his **head**, then the student asked him **why**.

kǒng zǐ **huí dá** zǐ xià de **quē diǎn** shì xiǎo qi
孔子回答："子夏的缺点是小气。
Confucius **answered**: "Zixia's **weakness** is stinginess.

tā rú guǒ dá yìng **suī rán** shì hǎo shì **dàn** xīn lǐ kěn dìng **shě bu de**
他如果答应，虽然是好事，但心里肯定舍不得。
If he agrees, **although** it's a good thing, **(but)** he will definitely **feel reluctant** at heart.

他如果不答应，就成了坏事，会在你们面前丢面子。

If he does not **agree**, it will become a **bad thing** and he will **lose face** in front of you.

我不向他借伞，<u>一是不让他难受，二是保住他的面子</u>。"

I don't borrow umbrellas from him, <u>**first** to avoid making him uncomfortable, and **second** to save his face.</u>"

接着，他转身告诉学生们：

Then he **turned around** and told the students:

"社会上没有绝对的好人和坏人，

"There are no **absolutely** good people and bad people **in society**,

因为每个人都有优点和缺点。

Because everyone has **strengths** and **weaknesses**.

想要成功地与人相处，就要迎合他的优点，避开他的缺点。"

To successfully **get along with others**, you need to **cater to** their strengths and **avoid** their weaknesses.

# 推其长者，违其短者，故能久也

***Cater to its strengths and avoid its weaknesses,
so it can endure for a long time.***

- CONFUCIUS -

551–479 B.C.

 # CULTURE CORNER

**Confucius** — 孔子 (kǒng zǐ) (551-479 B.C.) — the most influential educator in Chinese history, has profoundly shaped Chinese society and the broader East Asian cultural sphere. His teachings have defined educational standards and values in China for more than two millennia, which continue to resonate in modern Chinese society, reflected in cultural values, social practices, and even modern governance.

His real name was 孔丘 (kǒng qiū), but was also honored with the title 孔夫子 (kǒng fū zǐ) —meaning "Master Kong" (where the name "Confucius" is derived from). The story of him borrowing an umbrella illustrates his philosophy and wisdom on fostering harmonious relationships with others.

**Below are three teachings of Confucius in Classical Chinese. Pick your favorite one and try to translate it in modern Chinese.**

**A**

己 所 不 欲, 勿 施 于 人。
(jǐ suǒ bú yù, wù shī yú rén)

Do not impose on others what you do not wish for yourself.

**B**

人 而 无 信, 不 知 其 可 也。
(rén ér wú xìn, bù zhī qí kě yě)

A person without trustworthiness—I do not know how they can be of any use.

**C**

学 而 不 思 则 罔, 思 而 不 学 则 殆。
(xué ér bù sī zé wǎng, sī ér bù xué zé dài)

Learning without thought is labor lost; thought without learning is perilous.

Favorite Teaching :

Modern Chinese Translation :

# Key Vocabulary

| | | | | | |
|---|---|---|---|---|---|
| 出生 chū shēng | v. | to be born | 童年 tóng nián | n. | childhood |
| 出门 chū mén | v. | to go out | 少年 shào nián | n. | early youth |
| 成熟 chéng shú | adj. | mature (responsible) | 青年 qīng nián | n. | adult youth |
| 成功 chéng gōng | adj. | successful | 中年 zhōng nián | n. | middle age |
| 优点 yōu diǎn | n. | strength | 老师 lǎo shī | n. | teacher |
| 缺点 quē diǎn | n. | weakness | 学生 xué shēng | n. | student |
| 好事 hǎo shì | n. | good thing | 教育 jiào yù | n. | education |
| 坏事 huài shì | n. | bad thing | 勤学好问 qín xué hào wèn | idiom | diligent and inquisitive |
| 社会 shè huì | n. | society | 博学多才 bó xué duō cái | idiom | knowledgeable and talented |

# Sentence Patterns

**一边…一边…**
indicate simultaneous actions

一边 (yì biān) + *action 1* + 一边 (yì biān) + *action 2*

他一边学习，一边做家务。
tā yì biān xué xí, yì biān zuò jiā wù

*He was studying while doing household chores.*

**一是…二是…**
first… second…

一是 (yī shì) + *clause 1* + 二是 (èr shì) + *clause 2*

一是不让他难受，二是保住他的面子。
yī shì bú ràng tā nán shòu, èr shì bǎo zhù tā de miàn zi

*First to avoid making him uncomfortable, and second to save his face.*

# Chinese Version

春秋时期,孔子出生在鲁国的一个富裕家庭。
他的爸爸是官员,妈妈是家庭主妇。
孔子三岁那年,爸爸忽然去世,让家里变得贫穷。
童年时期,他一边学习,一边做家务。
他勤学好问,比其他孩子更成熟。
少年时期,他就代妈妈承担了家庭责任。
孔子十七岁那年,妈妈也死了,但他已经独立了。
他博学多才,在当地非常有名。
在青年时期,他做了政府官员。
在中年时期,他做了老师,从事教育。
他常常带学生们去访问其他国家。
一次,他和学生们出门,忽然下雨了。
一个学生对他说:"老师,子夏的家就在前面。
我们去他家借伞,可以吗?"
孔子却摇头,学生就问他为什么。
孔子回答:"子夏的缺点是小气。
他如果答应,虽然是好事,但心里肯定舍不得。
他如果不答应,就成了坏事,会在你们面前丢面子。
我不向他借伞,一是不让他难受,二是保住他的面子。"
接着,他转身告诉学生们:
"社会上没有绝对的好人和坏人,
因为每个人都有优点和缺点。
想要成功地与人相处,就要迎合他的优点,避开他的缺点。"

## wén chéng gōng zhǔ
# 文成公主

## PRINCESS WENCHENG

### A JOURNEY OF LOVE AND PEACE

zài táng cháo yǒu yí wèi yòu měi lì yòu cōng ming de wén chéng gōng zhǔ
在唐朝,有一位又美丽又聪明的文成公主。
In the **Tang Dynasty**, there was a beautiful **and** smart Princess Wencheng.

dāng shí xī zàng hé táng cháo dǎ zhàng xī zàng bèi dǎ bài le
当时西藏和唐朝打仗,西藏被打败了。
**At that time**, Tibet and the Tang were **at war**, and Tibet was **defeated**.

xī zàng de lǐng xiù sōng zàn gān bù duì táng cháo de huáng dì shuō
西藏的**领袖**松赞干布对唐朝的**皇帝**说
Songtsen Gampo, the **leader** of Tibet, said to the **emperor** of the Tang

yuàn yì tíng zhàn tóng shí xī wàng qǔ yí wèi gōng zhǔ
愿意停战,同时希望娶一位公主。
that he's willing to **cease fire** and in the meanwhile **hoped** to marry a princess.

wèi le liǎng guó de hé píng huáng dì dá ying bìng xuǎn zé le wén chéng gōng zhǔ
为了两国的**和平**,皇帝答应并选择了文成公主。
For the **peace** between the two states, the emperor agreed **and** chose Princess Wencheng.

dāng shí tā zhǐ yǒu shí liù suì gǎn dào yòu yóu yù yòu jǐn zhāng
当时她只有十六岁,感到又犹豫又紧张,
She was **only** 16 years old at the time, so she felt **hesitant** and **nervous** about it,

因为西藏很远，气候寒冷，各方面比较落后。

because **Tibet** was far away, the **climate** was cold, and it was relatively **underdeveloped** in various aspects.

不过，为了政治和平，加上对新世界好奇，

However, for **political** peace, plus she was **curious about** the new world,

她勇敢地和联姻团队出发去了西藏。

she **bravely** set out for Tibet with the **marriage alliance delegation**.

由于交通不方便，他们走了一个多月才到。

**Due to** inconvenient transportation, they traveled for **more than a month** before arriving.

松赞干布很高兴，亲自骑马去迎接她。

**Songtsen Gampo** was so happy that he **rode a horse** to personally **welcome** her.

他一看见文成公主，就被她的美迷住了。

**As soon as** he saw Princess Wencheng, he was fascinated by her beauty.

公主看他身材高大，觉得他有男人味。

The princess looked at his tall, broad **figure** and felt he was **masculine**.

接着，他们在拉萨举办了盛大的中式婚礼。

Then, they **held** a grand Chinese-style **wedding** in Lhasa.

结婚后，松赞干布还为公主学汉语，穿汉服。

After **getting married**, Songtsen Gampo also learned **Chinese language** and wore **Chinese clothes** for the princess.

为了安慰公主思念祖国，

In order to **comfort** the princess who missed her **motherland**,

tā **fǎng zhào** táng cháo de **jiàn zhù** xiū jiàn le bù dá lā gōng
他 **仿照** 唐朝的 **建筑** 修建了布达拉宫。
he built the Potala Palace **immitating** the **architecture** of the Tang.

zài **zhèng zhì** shang tā yě huì hé tā **jiāo huàn** kàn fǎ, **jiāo liú** yì jiàn
在 **政治** 上,他也会和她 **交换** 看法, **交流** 意见。
In **politics**, he would also **exchange** views and **share** opinions with her.

gèng zhòng yào de shì gōng zhǔ de **tuán duì** dài lái le xiān jìn de **jì shù**
更重要的是, 公主的 **团队** 带来了先进的 **技术**,
More importantly, the princess' **delegation** (team) brought advanced **technology**,

zhè dà dà **tí gāo** le xī zàng rén mín de **shēng huó shuǐ píng**
这大大 **提高** 了西藏人民的 **生活水平**。
Which greatly **improved** the **living standards** of the Tibetan people.

tā zài xī zàng shēng huó le **dà yuē** sì shí nián
她在西藏生活了 **大约** 四十年,
She lived in Tibet for **about** 40 years

hěn **shòu ài dài** qù shì hòu **bèi zūn wéi** nǚ shén
很 **受爱戴**, 去世后 **被尊为** 女神。
and **was** greatly **loved**; after her death, she **was revered as** a goddess.

 # CULTURE CORNER

Princess Wencheng and Songtsen Gampo played a pivotal role in the cultural and political integration between Tibet and the Tang Dynasty of Han China. Their 7th-century marriage symbolized a powerful alliance, fostering peace and extensive cultural exchange between the two regions. To honor Princess Wencheng and help her feel at home, Songtsen Gampo built the famous **Potala Palace** — 布达拉宫 (bù dá lā gōng) — in Lhasa, which remains Tibet's most iconic structure.

Princess Wencheng introduced advanced Chinese knowledge, technology, and Buddhism to Tibet, leaving a lasting legacy still visible today through statues, temples, and memorials in her honor.

**Though Princess Wencheng and Songtsen Gampo began as strangers from different cultures, they gradually learned each other's language and built a strong bond. If you were in a similar situation with a partner from a different country or culture, what would you do to make them feel at home?**

A. 学习他/她的语言和文化。
  xué xí tā / tā de yǔ yán hé wén huà
  Learn his/her language and culture.

B. 向他/她介绍自己的语言和文化。
  xiàng tā / tā jiè shào zì jǐ de yǔ yán hé wén huà
  Introduce him/her to my own language and culture.

C. 一起学习对方的语言和文化。
  yì qǐ xué xí duì fāng de yǔ yán hé wén huà
  Learn each other's language and culture together.

D. 跳过学习,专注于共同的爱好,一起享受。
  tiào guò xué xí, zhuān zhù yú gòng tóng de ài hào, yì qǐ xiǎng shòu
  Skip learning and focus on shared hobbies to enjoy together.

# Key Vocabulary

| | | | | | | | |
|---|---|---|---|---|---|---|---|
| dǎ zhàng 打仗 | v. | to be at war | | hūn lǐ 婚礼 | n. | wedding ceremony |
| dǎ bài 打败 | v. | to defeat | | jié hūn 结婚 | v. | to get married |
| jiāo tōng 交通 | n. | transportation | | gāo dà 高大 | adj. | tall and big |
| jiāo huàn 交换 | v. | to exchange | | shèng dà 盛大 | adj. | grand |
| jiāo liú 交流 | v. | to share (communication) | | dà yuē 大约 | adv. | about (approximately) |
| hàn yǔ 汉语 | n. | Chinese language | | xiān jìn 先进 | adj. | advanced |
| hàn fú 汉服 | n. | Chinese clothes (traditional) | | luò hòu 落后 | adj. | backward; underdeveloped |
| kàn fǎ 看法 | n. | view (opinion) | | wén huà 文化 | n. | culture |
| kàn jiàn 看见 | v. | to spot; to see | | jì shù 技术 | n. | technology |

# Sentence Patterns

**...并...**

...and...
(link two actions performed by the subject)

*subject + verb 1 + 并 (bìng) + verb 2 + (complement)*

huáng dì dá ying bìng xuǎn zé le wén chéng gōng zhǔ
皇帝答应<u>并</u>选择了文成公主。

The emperor agreed <u>and</u> chose Princess Wencheng.

**...对...**

expresses A's feelings or actions toward B

*A + 对 (duì) + B + adjective*

tā duì xīn shì jiè hào qí
她<u>对</u>新世界好奇。

She was <u>curious about</u> the new world.

# CHINESE VERSION

在唐朝,有一位又美丽又聪明的文成公主。
当时西藏和唐朝打仗,西藏被打败了。
西藏的领袖松赞干布对唐朝的皇帝说
愿意停战,同时希望娶一位公主。
为了两国的和平,皇帝答应并选择了文成公主。
当时她只有十六岁,感到又犹豫又紧张,
因为西藏很远,气候寒冷,各方面比较落后。
不过,为了政治和平,加上对新世界好奇,
她勇敢地和联姻团队出发去了西藏。
由于交通不方便,他们走了一个多月才到。
松赞干布很高兴,亲自骑马去迎接她。
他一看见文成公主,就被她的美迷住了。
公主看他身材高大,觉得他有男人味。
接着,他们在拉萨举办了盛大的中式婚礼。
结婚后,松赞干布还为公主学汉语,穿汉服。
为了安慰公主思念祖国,
他仿照唐朝的建筑修建了布达拉宫。
在政治上,他也会和她交换看法,交流意见。
更重要的是,公主的团队带来了先进的技术,
这大大提高了西藏人民的生活水平。
她在西藏生活了大约四十年,
很受爱戴,去世后被尊为女神。

## 专一的皇帝
### zhuān yī de huáng dì

# THE EMPEROR WHO LOVED ONLY ONE

míng cháo yǒu yí gè **yǔ zhòng bù tóng** de huáng dì jiào zhū yòu chēng
明朝有一个**与众不同**的皇帝叫朱佑樘，
There was a **unique** emperor named Zhu Youcheng in the **Ming Dynasty**.

tā shì zhōng guó lì shǐ shang **wéi yī** zhǐ yǒu yí gè **qī zi** de huáng dì
他是中国历史上**唯一**只有一个**妻子**的皇帝。
He was the **only** emperor in Chinese history who had just one **wife**.

zhū yòu chēng de huáng dì **fù qin** yǒu yí gè **zuì ài** de nǚ rén wàn guì fēi
朱佑樘的皇帝**父亲**有一个**最爱**的女人：万贵妃。
Zhu Youcheng's emperor **father** had a **most beloved** woman: Concubine Wan.

wàn guì fēi **jí dù xīn qiáng** zǒng shì **shāng hài** bié de pín fēi hé tā men de **hái zi**
万贵妃**嫉妒心强**，总是**伤害**别的嫔妃和她们的**孩子**。
Concubine Wan was **very jealous** (jealous heart strong) and always **harmed** other concubines and their **children**.

suǒ yǐ zhū yòu chēng **chū shēng** hòu wèi le tā de **píng ān**
所以朱佑樘**出生**后，为了他的**平安**，
So, after Zhu Youcheng was **born**, for his **safety**,

mǔ qin qiāo qiāo **fǔ yǎng** tā méi yǒu **gōng kāi** tā de zhēn shí **shēn fèn**
母亲悄悄**抚养**他，没有**公开**他的真实**身份**。
his mother **raised** him secretly and did not **disclose** his true **identity**.

他过得很苦,不仅吃得不好,平常还被欺负。

He had a bitter life, not only did he not eat well, but he was also **usually** bullied.

后来太子死了,皇帝必须找新的继承人。

Later, the **crown prince** died, and the emperor **must** find a new **heir**.

最终找到了六岁的朱佑樘,封他为太子。

He **eventually** found the six-year-old Zhu Youcheng and **named** him crown prince.

万贵妃虽然不敢害他,却悄悄杀了他母亲。

Concubine Wan (**although**) dared not to harm him, **but** she secretly killed his mother.

他十七岁那年,万贵妃病死了,他父亲太伤心,很快也死了。

**The year** when he turned 17, Concubine Wan **died of illness**, and his father was too **sad** that he died shortly too.

他当了新的皇帝,他的妻子当了皇后。

He became the new **emperor**, and his wife became the **empress** (**consort**).

他很爱妻子,在生活上关心她,在工作上请教她。

He loved his wife very much, cared about her **in life**, and consulted her **at work**.

为了保持传统,大臣们多次请求他选妃。

In order **to maintain** tradition, ministers **repeatedly** requested him to choose concubines.

他却说:"我只想要一个妻子,我觉得很满足。"

**Yet** he replied, " I **just** want one wife and I feel very **content**."

大臣们不懂他的目的,虽然不满意,但不敢反驳。

The ministers didn't **understand** his **purpose**; although they were **dissatisfied**, they dared not to **refute** him.

他在生活上节俭，在政治上开明，

He was frugal **in life** and open-minded **in politics**,

实现了国家稳定，经济发达，人民安居乐业的目标。

achieving the goal of national stability, economic development, and **people living and working in peace and contentment**.

可惜童年的苦损坏了他的健康，加上全年辛苦工作，

**Unfortunately**, the hardships of his childhood **damaged** his **health**, combined with him working hard **throughout the year**,

他三十四岁就死了，当时引起了全国的悲痛。

he **died** at the age of 34, which **caused** nationwide **grief** at the time.

 # Culture Corner

Emperor **Zhu Youcheng** — 朱佑樘 (zhū yòu chēng) (1470-1505 A.D.) — was one of the few virtuous rulers of the Mid to Late Ming Dynasty and the only emperor in Chinese history to have just one wife, a rarity in a time when emperors typically had numerous concubines. His father, the Chenghua Emperor, was weak and obsessed with Concubine Wan (his childhood nanny, 17 years his senior), leading to the suffering of many other concubines and their children, including Zhu Youcheng himself.

Despite his difficult upbringing, he became a devoted husband and an effective emperor. His reign was heavily influenced by Confucianism, and his achievements earned him praise from historians, known as the **"Hongzhi Restoration"** — 弘治中兴 (hóng zhì zhōng xīng).

**1. If you were an emperor or ruler and had the choice to have many spouses, would you choose to have just one or many?**

**2. Based on the list below, which do you think was the main reason Emperor Zhu Youcheng had only one wife throughout his life?**

A. 他真的太爱他的妻子了。
tā zhēn de tài ài tā de qī zi le
He truly loved his wife very much.

B. 他不想重复自己和母亲的悲剧。
tā bù xiǎng chóng fù zì jǐ hé mǔ qīn de bēi jù
He didn't want to repeat the tragedy of himself and his mother.

C. 他太忙,觉得太多女人很麻烦。
tā tài máng, jué de tài duō nǚ rén hěn má fan
He was too busy and felt that having too many women was troublesome.

D. 他讨厌旧传统,想打破历史记录。
tā tǎo yàn jiù chuán tǒng, xiǎng dǎ pò lì shǐ jì lù
He disliked old traditions and wanted to break historical records.

# Key Vocabulary

| Pinyin | Chinese | Part | Meaning |
|---|---|---|---|
| zhuān yī | 专一 | adj. | committed; devoted |
| wéi yī | 唯一 | adj. | only (singular) |
| mǎn zú | 满足 | adj. | content |
| mǎn yì | 满意 | adj. | satisfied |
| mù dì | 目的 | n. | purpose |
| mù biāo | 目标 | n. | goal |
| píng ān | 平安 | n. | safety |
| píng cháng | 平常 | adv. | usually |
| ān jū lè yè | 安居乐业 | idiom | people live and work in peace and contentment |
| qǐng qiú | 请求 | v. | to request |
| qǐng jiào | 请教 | v. | to consult |
| quán nián | 全年 | n. | throughout the year |
| quán guó | 全国 | n. | nationwide |
| huáng dì | 皇帝 | n. | emperor |
| huáng hòu | 皇后 | n. | empress (consort) |
| jīng jì | 经济 | n. | economy |
| zhèng zhì | 政治 | n. | politics |
| yǔ zhòng bù tóng | 与众不同 | idiom | unique (different from the crowds) |

# Sentence Patterns

**…得…**
indicate how an action is performed

*subject + verb + 得(de) + adjective*

他过得很苦；他吃得不好。
(tā guò de hěn kǔ; tā chī de bù hǎo)

*He had a bitter life; he didn't eat well.*

**在…上**
describe a specific aspect

*subject + 在(zài) + aspect + 上(shang) + complement*

他在生活上节俭，在政治上开明。
(tā zài shēng huó shang jié jiǎn, zài zhèng zhì shang kāi míng)

*He was frugal in life and open-minded in politics.*

# CHINESE VERSION

明朝有一个与众不同的皇帝叫朱佑樘,
他是中国历史上唯一只有一个妻子的皇帝。
朱佑樘的皇帝父亲有一个最爱的女人:万贵妃。
万贵妃嫉妒心强,总是伤害别的嫔妃和她们的孩子。
所以朱佑樘出生后,为了他的平安,
母亲悄悄抚养他,没有公开他的真实身份。
他过得很苦,不仅吃得不好,平常还被欺负。
后来太子死了,皇帝必须找新的继承人。
最终找到了六岁的朱佑樘,封他为太子。
万贵妃虽然不敢害他,却悄悄杀了他母亲。
他十七岁那年,万贵妃病死了,他父亲太伤心,很快也死了。
他当了新的皇帝,他的妻子当了皇后。
他很爱妻子,在生活上关心她,在工作上请教她。
为了保持传统,大臣们多次请求他选妃。
他却说:"我只想要一个妻子,我觉得很满足。"
大臣们不懂他的目的,虽然不满意,但不敢反驳。
他在生活上节俭,在政治上开明,
实现了国家稳定,经济发达,人民安居乐业的目标。
可惜童年的苦损坏了他的健康,加上全年辛苦工作,
他三十四岁就死了,当时引起了全国的悲痛。

# 李 *lǐ* 杜 *dù* 唐 *táng* 诗 *shī*

# Tang Poems
# Li Bai and Du Fu

# 静夜思
*jìng yè sī*

## QUIET NIGHT THOUGHT

chuáng qián míng yuè guāng
床前明月光,
Beside my bed a pool of light,

yí shì dì shàng shuāng
疑是地上霜。
Is it hoarfrost on the ground?

jǔ tóu wàng míng yuè
举头望明月,
I look up and see the moon,

dī tóu sī gù xiāng
低头思故乡。
I bend down and think of home.

lǐ bái
李白

(701–762 A.D.)

李白是唐朝最伟大的诗人**之一**。
Li Bai was **one of the** greatest poets in the Tang Dynasty.

他的父亲是个**生意人**,非常**有钱**。
His father was a **businessman** and very **rich**.

他小时候**又**活泼**又**聪明,**人见人爱**。
When he was a child, he was lively **and** smart - **everyone's favorite**.

**长大**后,父亲希望他**留在**家里,**管理**生意,
When he **grew up**, his father wished him to **stay at** home and **manage** the business,

可是他**对**做生意**没有兴趣**,喜欢**自由自在**。
however he was **not interested in** doing business and liked to be **free and unrestrained**.

他会**写诗**,会**击剑**,是个**文武双全**的人。
He could **write poems** and **play swords**—a man of **both literary and martial talents**.

他的诗很**有名**,在全国有很多**粉丝**。
His poems were very **famous** and he had many **fans** nationwide.

而且他**又**浪漫**又**迷人,有很多女人**喜欢**他。
Moreover, he was romantic **and** charming, and many women **liked** him.

不过,他**既**不专情**也**不滥情。
However, he was **neither** devoted to one **nor** overly indulgent in love.

他爱**一个人**旅行,不管是**家人**还是**爱人**,没人**能留住**他。
He loved traveling **alone**, and no matter if it was his **family** or **spouses**, no one could **keep** him.

yì nián qiū tiān de wǎn shang     lǐ bái zài jiǔ diàn xiū xi
一年秋天的晚上，李白在酒店休息。
One **autumn** night, Li Bai was **resting** in a hotel.

zhōu wéi hěn **ān jìng**     kě shì tā què **tū rán** xǐng le
周围很安静，可是他却突然醒了。
It was **quiet** around him, but he **suddenly** woke up.

dì shang de **yuè guāng** hěn měi     hěn bái     jiù **xiàng** shuāng **yí yàng**
地上的月光，很美、很白，就像霜一样。
The **moonlight** on the ground was so beautiful and white, just like frost.

tā zǒu dào chuāng biān     tái tóu kàn dào le tiān shang yòu yuán yòu liàng de yuè liang
他走到窗边，抬头看到了天上又圆又亮的月亮。
He **walked to** the window and **looked up** to see the round **and** bright moon in the sky.

zhè shí     tā cái xiǎng qǐ lái zhōng qiū jié kuài dào le
这时，他才想起来中秋节快到了。
Only at that moment did he **remember** that the Mid-Autumn Festival was **arriving**.

tā dī tóu xiǎng le yí huì ér     fā xiàn zì jǐ hěn jiǔ méi huí jiā le
他低头想了一会儿，发现自己很久没回家了。
He **looked down** and thought for a while, **realizing** that he hadn't gone home for **a long time**.

yú shì dì èr tiān zǎo shang     lǐ bái **tà shàng** le huí jiā **de lù**
于是第二天早上，李白踏上了回家的路。
So the next morning, Li Bai **set off on** his **journey** home.

 # Culture Corner

**Li Bai** — 李白 (701–762 A.D.) — often called the **Immortal Poet** — 诗仙 — is one of the most renowned poets in Chinese history, and his work holds a significant place in Chinese literature. He lived during the Tang Dynasty, considered the golden age of Chinese poetry. His work is celebrated for its imagination, vivid imagery, and emotional depth, blending natural beauty with themes of free-spiritedness, adventure, and philosophical musings.

*Quiet Night Thoughts* is a short but emotionally powerful reflection on homesickness—arguably the most widely known poem in China to this day—and is often linked to the Mid-Autumn Festival, a traditional Chinese celebration where families come together under the full moon.

**Try tracing Li Bai's famous poem for yourself, then read aloud. Characters were often displayed in artistic calligraphy, beautiful but sometimes hard to read and write even for natives. Classical Chinese was also arranged vertically and written from right to left, use this rule to trace below:**

# Key Vocabulary

| | | | | | | |
|---|---|---|---|---|---|---|
| zǎo shang<br>早 上 | n. | morning | tái tóu<br>抬 头 | v. | to look up |
| wǎn shang<br>晚 上 | n. | evening | dī tóu<br>低 头 | v. | to look down |
| tiān shang<br>天 上 | n. | in the sky | guǎn lǐ<br>管 理 | v. | to manage |
| dì shang<br>地 上 | n. | on the ground | bù guǎn<br>不 管 | conj. | no matter |
| yuè liang<br>月 亮 | n. | the moon | zhuān qíng<br>专 情 | adj. | devoted (love) |
| yuè guāng<br>月 光 | n. | moonlight | làn qíng<br>滥 情 | adj. | overly indulgent (love) |
| shī rén<br>诗 人 | n. | poet | shēng yi rén<br>生 意 人 | n. | businessman |
| ài rén<br>爱 人 | n. | spouse | zuò shēng yi<br>做 生 意 | v. | to do business |
| zhōng qiū jié<br>中 秋 节 | n. | mid-autumn festival | wén wǔ shuāng quán<br>文 武 双 全 | idiom | having both literary and martial talents |

# Sentence Patterns

**...之一**

one of the...

subject + 是 + *(adjective)* + noun + 之一

lǐ bái shì zuì wěi dà de shī rén zhī yī
李白是最伟大的诗人<u>之一</u>。

Li Bai was <u>one of the</u> greatest poets.

**既不...**
**也不...**

neither... nor...

jì bù + *feature 1* + yě bù + *feature 2*
既不 + *feature 1* + 也不 + *feature 2*

tā jì bù zhuān qíng yě bú làn qíng
他<u>既不</u>专情<u>也不</u>滥情。

He was <u>neither</u> devoted to one <u>nor</u> overly indulgent in love.

# Chinese Version

李白是唐朝最伟大的诗人之一。
他的父亲是个生意人,非常有钱。
他小时候又活泼又聪明,人见人爱。
长大后,父亲希望他留在家里,管理生意,
可是他对做生意没有兴趣,喜欢自由自在。
他会写诗,会击剑,是个文武双全的人。
他的诗很有名,在全国有很多粉丝。
而且他又浪漫又迷人,有很多女人喜欢他。
不过,他既不专情也不滥情。
他爱一个人旅行,不管是家人还是爱人,没人能留住他。
一年秋天的晚上,李白在酒店休息。
周围很安静,可是他却突然醒了。
地上的月光,很美、很白,就像霜一样。
他走到窗边,抬头看到了天上又圆又亮的月亮。
这时,他才想起来中秋节快到了。
他低头想了一会儿,发现自己很久没回家了。
于是第二天早上,李白踏上了回家的路。

## *jué jù*
# 绝句

# QUATRAIN STANZA
## SPRING SERENITY

chí  rì  jiāng shān  lì
# 迟日江山丽，
The lengthening daylight makes the landscape fair,

chūn fēng huā cǎo xiāng
# 春风花草香。
Spring breezes bring fragrance to flowers and grass everywhere.

ní róng fēi yàn zi
# 泥融飞燕子，
Swallows fly as the thawed mud turns soft and light,

shā nuǎn shuì yuān yāng
# 沙暖睡鸳鸯。
Mandarin ducks sleep on sand warmed by the sun so bright.

dù    fǔ
# 杜 甫
(712–770 A.D.)

杜甫是中国历史上伟大的诗人，和李白是朋友。
Du Fu was a great poet in Chinese **history** and a **friend** of Li Bai.

他出生在贵族家庭，受过很好的教育。
He was born into an **aristocratic** family and **received** a very good education.

不过，他母亲在他很小的时候就病死了。
However, his **mother** died of illness **when** he **was very little**.

后来父亲再婚，不太关注他；继母也不关心他。
Later, his father **remarried** and didn't **pay** much **attention** to him; his **stepmother** didn't **care about** him either.

离开家后，他一边学习，一边旅游。
After **leaving** home he studied **while** traveling.

他做过官员，职位低，工资低，却努力为人民服务。
He **once held** an official position, though the **role** was low-ranking and had a low **salary**, yet he **worked hard** to serve the people.

战争爆发后，他忧国忧民，甚至因为仗义执言坐牢。
After the war **broke out**, he was **worried about the country and the people**, and was even imprisoned for **speaking out for justice**.

但是他既乐观又坚强，从不向困难低头。
However, he was positive **and** strong, and never **bowed to** difficulties.

后来战火严重，他和妻子、孩子逃到了成都。
Later, as the **warfare** grew more severe, he **fled to** Chengdu with his wife and children.

在朋友的帮助下，他们盖了一座简单的草堂。
With the help of friends, they built a simple thatched cottage.

虽然生活贫困，但他们很感激、很珍惜。
Although they lived in poverty, they were grateful and cherished it.

一年春天，他们一家在院子里晒太阳，
One spring, their family was basking in the sun in the yard,

看着田园里美丽的景色，闻着春风中花草的香味。
looking at the beautiful scenery in the field and smelling the fragrance of flowers and plants in the spring breeze.

树上有燕子衔湿泥盖鸟巢，
Swallows were carrying wet mud to build bird nests on the trees,

沙子上有鸳鸯暖暖地睡觉。
and mandarin ducks were sleeping warmly on the sand.

杜甫牵着妻子的手，觉得富贵和名利不过是虚空，
Holding his wife's hand, Du Fu felt that wealth and fame were nothing but vanity,

平安和平静才是真正的幸福。
safety and tranquillity were the real happiness.

 # CULTURE CORNER

**Du Fu** — 杜甫 (dù fǔ) (712–770 A.D.) — revered as the **Sage of Poetry** — 诗圣 (shī shèng) — is one of the most prominent figures in Chinese literature, known for his deep social consciousness and realistic portrayal of life. His poetry, characterized by introspection and reflection on personal and national struggles, stands in contrast to that of his contemporary and friend, Li Bai, whose work is more free-spirited and romantic. Together, they are remembered as **Li-Du** — 李杜 (lǐ dù) — and remain essential reading in Chinese education.

Du Fu's poem "Quatrain Stanza – Spring Serenity" captures the peaceful and harmonious essence of nature. It was composed during his stay at a thatched cottage—known now as 杜甫草堂 (dù fǔ cǎo táng)—in Chengdu from 759 to 764 A.D., after he fled the turmoil of the An Lushan Rebellion. Today, the site of Du Fu's Cottage is a serene museum surrounded by beautiful gardens and bamboo.

**Following the writing rule for classical Chinese (vertical, right to left), trace Du Fu's poem, then read aloud.**

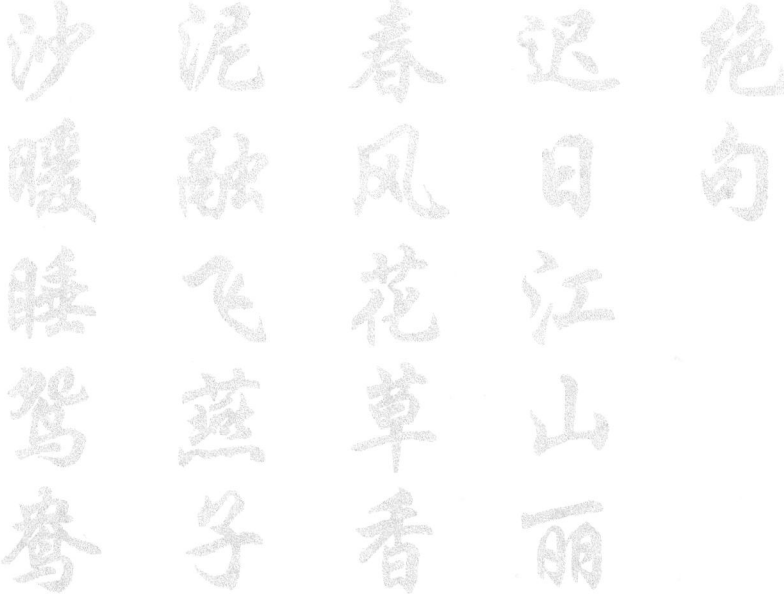

# Key Vocabulary

| | | | | | | |
|---|---|---|---|---|---|---|
| guān zhù 关注 | v. | to pay attention to | zhàn zhēng 战争 | n. | war |
| guān xīn 关心 | v. | to care about | zhàn huǒ 战火 | n. | warfare |
| qī zi 妻子 | n. | wife | kùn nán 困难 | n. | difficulty |
| hái zi 孩子 | n. | kid | zhí wèi 职位 | n. | role (job) |
| mǔ qin 母亲 | n. | mother | gōng zī 工资 | n. | salary |
| jì mǔ 继母 | n. | stepmother | jǐng sè 景色 | n. | scenery |
| píng ān 平安 | n. | safety | yàn zi 燕子 | n. | swallow |
| píng jìng 平静 | n. | tranquillity | yuān yāng 鸳鸯 | n. | mandarin duck |
| yōu guó yōu mín 忧国忧民 | idiom | concern for country and people | zhàng yì zhí yán 仗义执言 | idiom | to speak out for justice |

# Sentence Patterns

**…过**

indicate having done/experienced something

*subject + verb + 过 (guò) + (complement)*

tā shòu guò hěn hǎo de jiào yù; tā zuò guò guān yuán
他受过很好的教育；他做过官员。

*He (once) received very good education; he once held an official position.*

**既…又…**

indicate two qualities or actions exist simultaneously

*subject + 既 (jì) + feature 1 + 又 (yòu) + feature 2*

tā jì lè guān yòu jiān qiáng
他既乐观又坚强。

*He was positive and strong.*

# CHINESE VERSION

杜甫是中国历史上伟大的诗人,和李白是朋友。
他出生在贵族家庭,受过很好的教育。
不过,他母亲在他很小的时候就病死了。
后来父亲再婚,不太关注他;继母也不关心他。
离开家后,他一边学习,一边旅游。
他做过官员,职位低,工资低,却努力为人民服务。
战争爆发后,他忧国忧民,甚至因为仗义执言坐牢。
但是他既乐观又坚强,从不向困难低头。
后来战火严重,他和妻子、孩子逃到了成都。
在朋友的帮助下,他们盖了一座简单的草堂。
虽然生活贫困,但他们很感激、很珍惜。
一年春天,他们一家在院子里晒太阳,
看着田园里美丽的景色,闻着春风中花草的香味。
树上有燕子衔湿泥盖鸟巢,
沙子上有鸳鸯暖暖地睡觉。
杜甫牵着妻子的手,觉得富贵和名利不过是虚空,
平安和平静才是真正的幸福。

成 *chéng*

语 *yǔ*

故 *gù*

事 *shi*

# Chinese Idioms

## xiōng yǒu chéng zhú
# 胸有成竹

## HAVING A PLAN IN MIND

sòng cháo de **huà jiā** wén tóng tè bié **shàn cháng** huà zhú zi
宋朝的**画家**文同特别**擅长**画竹子。
Wen Tong, a **painter** from the Song Dynasty, was particularly **good at** painting bamboo.

tā cóng xiǎo jiù **rè ài** zì rán **xǐ ài** zhú zi
他从小就**热爱**自然，**喜爱**竹子。
He had **loved** nature and **adored** bamboo since he was a child.

tā xǐ huān **yán jiū** zhú zi de **xíng zhuàng** yán sè hé **qì wèi**
他喜欢**研究**竹子的**形状**、颜色和**气味**。
He liked to **study** the **shape**, color and **smell** of bamboo.

**cóng** chūn tiān **dào** dōng tiān tā dōu zài **guān chá** zhú zi de shēng zhǎng **tè diǎn**
**从**春天**到**冬天，他都在**观察**竹子的生长**特点**。
**From** spring **to** winter, he kept **observing** the growth **characteristics** of bamboo.

měi cì **gēn** bié rén **shuō huà** **yì** tí dào zhú zi tā **jiù** tāo tāo bù jué
每次**跟**别人**说话**，**一**提到竹子，他**就**滔滔不绝。
Every time he **talked to** others, **as soon as** they mentioned bamboo, he would talk endlessly.

wèi le **tí gāo** huà huà **jì qiǎo** tā **bú duàn** liàn xí
为了**提高**画画**技巧**，他**不断**练习。
In order **to improve** his painting **skills**, he practiced **constantly**.

后来文同成为了画竹大师,名气和人气大涨。
Later, Wen Tong **became** a master of bamboo painting, and his **reputation** and **popularity** soared.

他的竹画成为了当时最畅销的艺术作品。
His bamboo paintings **became** the **best-selling** works of art at the time.

一天他给学生们上课,一个学生问他:
One day he was **giving lessons to** students, and a student **asked** him:

"为什么您每次画竹子,都能画得那么好?"
Why is it that **every time** you paint bamboo, you **always** paint it so well?

他笑了一下,说:"因为我有信心画好它。"
He smiled a bit and said, "**Because** I have the **confidence** to paint it well."

学生又问:"怎样才能有信心?"
The student asked **again**: "**How** can one have **confidence**?"

文同悠然地回答:"我爱竹子,对它非常熟悉。
Wen Tong replied **leisurely**: "I love bamboo and am very **familiar with** it.

即使我闭上眼睛,竹子的样子也在我心里。
**Even if** I close my eyes, the appearance of bamboo is (**still**) in my heart.

我只是画出了我心里的竹子。"
I **simply** painted (out) the **bamboo** in my heart."

学生说:"所以,你对它越熟悉,就能画得越好!
The student responded, "so, **the more** familiar you are with it, **the** bett**er** you can paint it!

我懂了!真正的自信就是:胸有成竹。"
I understand! Real **self-confidence** is: **having a plan in mind**."

## Summary

This is the original story behind the Chinese idiom —  — which literally means "having bamboo in one's chest" but is often translated as "**having a plan in mind**" or "**being confident and well-prepared.**" The idiom teaches us that true confidence comes from careful preparation and clear planning. When we approach tasks calmly and with a clear vision, we're more likely to succeed.

## Learning Tip

| xiōng | yǒu | chéng | zhú |
|-------|-----|-------|-----|
| 胸 | 有 | 成 | 竹 |
| chest | has | completed | bamboo |

**"Having a plan in mind"**
*confident and well prepared*

**1**

zài qiú hūn qián, nǐ bì xū xiōng yǒu chéng zhú

在 求 婚 前, 你 必 须 胸 有 成 竹!

Before you propose (marriage), you must be **confident and well-prepared**.

**2**

tā xiōng yǒu chéng zhú, dāng rán bù dān xīn miàn shì

他 胸 有 成 竹, 当 然 不 担 心 面 试。

He **has a plan in mind**, so of course, he's not worried about the interview.

### Write Your Own Sentence

# Key Vocabulary

| | | | | | | | |
|---|---|---|---|---|---|---|---|
| rè ài 热爱 | v. | to love eagerly (things) | | tí dào 提到 | v. | to mention | |
| xǐ ài 喜爱 | v. | to adore | | tí gāo 提高 | v. | to improve | |
| ài hào 爱好 | n. | hobby | | míng qì 名气 | n. | reputation | |
| shàn cháng 擅长 | v. | be good at | | rén qì 人气 | n. | popularity | |
| shēng zhǎng 生长 | n. v. | growth (plants) / to grow (plants) | | xìn xīn 信心 | n. | confidence | |
| zì rán 自然 | n. | nature | | zì xìn 自信 | n. | self-confidence | |
| yōu rán 悠然 | adv. | leisurely | | wèi shén me 为什么 | adv. | why | |
| tè bié 特别 | adv. | especially | | yīn wèi 因为 | conj. | because | |
| tè diǎn 特点 | n. | characteristics | | tāo tāo bù jué 滔滔不绝 | idiom | to talk endlessly (wave no end) | |

# Sentence Patterns

**即使... 也...**

even if... still...
(result stays the same despite condition)

**即使 + condition + 也 + result**

jí shǐ wǒ bì shang yǎn jīng, zhú zi de yàng zi yě zài wǒ xīn lǐ.
即使我闭上眼睛,竹子的样子也在我心里。

*Even if I close my eyes, the appearance of bamboo is (still) in my heart.*

**越...越...**

the more...
the more...

**越 + aspect 1 + 越 + aspect 2**

nǐ duì tā yuè shú xi, jiù néng huà de yuè hǎo
你对它越熟悉,就能画得越好!

*The more familiar you are with it, the better you can paint it!*

# Chinese Version

宋朝的画家文同特别擅长画竹子。
他从小就热爱自然，喜爱竹子。
他喜欢研究竹子的形状、颜色和气味。
从春天到冬天，他都在观察竹子的生长特点。
每次跟别人说话，一提到竹子，他就滔滔不绝。
为了提高画画技巧，他不断练习。
后来文同成为了画竹大师，名气和人气大涨。
他的竹画成为了当时最畅销的艺术作品。
一天他给学生们上课，一个学生问他：
"为什么您每次画竹子，都能画得那么好？"
他笑了一下，说："因为我有信心画好它。"
学生又问："怎样才能有信心？"
文同悠然地回答："我爱竹子，对它非常熟悉。
即使我闭上眼睛，竹子的样子也在我心里。
我只是画出了我心里的竹子。"
学生说："所以，你对它越熟悉，就能画得越好！
我懂了！真正的自信就是：胸有成竹。"

# 19

<sub>xuě zhōng sòng tàn</sub>
# 雪中送炭

## Providing Help in Times of Need

<sub>chūn qiū shí qī　chǔ huái wáng shì chǔ guó de guó wáng</sub>
春秋时期，楚怀王是楚国的国王。
During the **Spring and Autumn** period, King Huai was the **king** of the State of Chu.

<sub>tā nián qīng yǒu wéi　qín fèn nǔ lì　guān xīn rén mín</sub>
他年轻有为，勤奋努力，关心人民。
He was **young and promising**, diligent and hardworking, and **cared for** the people.

<sub>yǒu yì nián dōng tiān xià xuě　tiān qì hěn lěng　qì wēn hěn dī</sub>
有一年冬天下雪，天气很冷，气温很低。
One **winter**, it snowed, the **weather** was cold, and the **temperature** was low.

<sub>tā zài gōng diàn lǐ zǒu lái zǒu qù　gǎn jué hěn lěng</sub>
他在宫殿里走来走去，感觉很冷。
He walked **back and forth** in the palace and felt very **cold**.

<sub>tā dǎ kāi chuāng hu　kàn jiàn xuě huā fēi lái fēi qù</sub>
他打开窗户，看见雪花飞来飞去。
He **opened** the window and saw snowflakes flying **around**.

因为最近是雪天,天地都变成了白色。
As it had been **snowy days** recently, **the sky and the earth** had both turned white.

他突然打喷嚏,然后马上关上了窗户。
He **sneezed** suddenly, then **closed** the window immediately.

侍女看到后,就给他披了一件厚外套。
The **maid** saw it and **put a thick coat on** him.

可是,他的身体还是感觉非常冷。
However, his **body** still **felt** very cold.

于是,侍女找来一些木炭,接着点火。
So, the **maid** fetched some **charcoal** and then **lit a fire**.

他很快在炭火旁边坐下,慢慢感觉暖了。
He **quickly** sat down **next to** the charcoal fire and **slowly** felt warm.

这时候,他突然想到:也许现在许多人
At this time, he **suddenly** thought: **maybe** now **many** people

和他一样怕冷,特别是那些穷人。
were afraid of the cold **just like** him, especially those **poor people**.

木炭那么贵,多数穷人肯定买不起。
Charcoal was so **expensive** that most poor people **definitely** couldn't afford it.

他心里有点内疚,第二天召集了大臣们。
Feeling **guilty** at heart, he **summoned** the ministers the next day.

tā xīn qíng chén zhòng gào sù le dà jiā zì jǐ de xiǎng fǎ
他心情沉重，告诉了大家自己的想法，
He was in a heavy **mood** and **told** everyone his own **thoughts**,

rán hòu tōng zhī tā men miǎn fèi gěi qióng rén men sòng mù tàn
然后**通知**他们**免费**给穷人们送木炭。
then he **informed** them to deliver charcoal to the poor **for free**.

rén men shōu dào mù tàn hòu hěn gǎn dòng zài quán guó gè dì chēng zàn tā
人们**收到**木炭后很感动，在**全国各地**称赞他。
People were very moved after **receiving** the charcoal and praised him **all over the country**.

tōng guò zhè jiàn shì dà jiā dōu shuō tā shì xuě zhōng sòng tàn de hǎo guó wáng
**通过**这件事，大家都说他是**雪中送炭**的好国王！
**Through** this matter, everyone said he's a good king who **provided help in times of need**!

# Summary

The story of King Huai of Chu delivering charcoal in the snow to the poor is the origin of the Chinese idiom 雪中送炭 (xuě zhōng sòng tàn) — "delivering charcoal in the snow" — it's meaning is that of **"providing help in times of need."** This idiom celebrates compassion and meaningful assistance in difficult moments.

**King Huai of Chu** — 楚怀王 (chǔ huái wáng) — who reigned from 328 to 299 B.C., is a controversial figure in Chinese history due to his various failures in governing the country during his later years. However, in his early reign, he was indeed wise and compassionate, as reflected in this story.

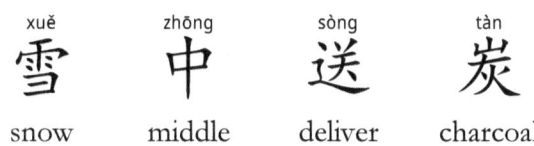# Learning Tip

xuě　zhōng　sòng　tàn
雪　中　送　炭
snow　middle　deliver　charcoal

**"providing help in times of need"**

**1**

zhēn péng yǒu **xuě zhōng sòng tàn**, jiǎ péng yǒu xuě shàng jiā shuāng
真朋友雪中送炭，假朋友雪上加霜！

A true friend **offers help in times of need**, while a false friend adds to your troubles (add frost to snow)!

**2**

xìng kuī tā **xuě zhōng sòng tàn**, wǒ cái dù guò le kùn nán
幸亏他雪中送炭，我才度过了困难。

Fortunately, he **provided help in my time of need**, so I was able to get through the difficulty.

## Write Your Own Sentence

# Key Vocabulary

| | | | | | | |
|---|---|---|---|---|---|---|
| tiān qì 天气 | n. | weather | xīn lǐ 心里 | n. | at heart |
| qì wēn 气温 | n. | temperature | xīn qíng 心情 | n. | mood |
| xià xuě 下雪 | v. | to snow | xǔ duō 许多 | quantifer | many |
| xuě tiān 雪天 | n. | snowy day | yě xǔ 也许 | adv. | perhaps |
| xuě huā 雪花 | n. | snowflake | dǎ kāi 打开 | v. | to open |
| xiǎng fǎ 想法 | n. | thoughts | guān shàng 关上 | v. | to close |
| xiǎng dào 想到 | v. | to think (of) | wài tào 外套 | n. | coat |
| tōng zhī 通知 | v. | to inform | miǎn fèi 免费 | adv. | free of charge |
| tōng guò 通过 | v. | to get through | nián qīng yǒu wéi 年轻有为 | idiom | young and promising |

# Sentence Patterns

## 来…去
**around / back and forth**

*verb* + 来 + *verb* + 去

tā zǒu lái zǒu qù
他走来走去；

xuě huā fēi lái fēi qù
雪花飞来飞去。

*He walked back and forth; snowflakes flew around.*

## 和…一样
**same as / just like**

*A* + 和 + *B* + 一样

hěn duō rén hé tā yí yàng pà lěng
很多人和他一样怕冷。

*Many people were afraid of the cold just like him.*

# CHINESE VERSION

春秋时期，楚怀王是楚国的国王。
他年轻有为，勤奋努力，关心人民。
有一年冬天下雪，天气很冷，气温很低。
他在宫殿里走来走去，感觉很冷。
他打开窗户，看见雪花飞来飞去。
因为最近是雪天，天地都变成了白色。
他突然打喷嚏，然后马上关上了窗户。
侍女看到后，就给他披了一件厚外套。
可是，他的身体还是感觉非常冷。
于是，侍女找来一些木炭，接着点火。
他很快在炭火旁边坐下，慢慢感觉暖了。
这时候，他突然想到：也许现在许多人
和他一样怕冷，特别是那些穷人。
木炭那么贵，多数穷人肯定买不起。
他心里有点内疚，第二天召集了大臣们。
他心情沉重，告诉了大家自己的想法，
然后通知他们免费给穷人们送木炭。
人们收到木炭后很感动，在全国各地称赞他。
通过这件事，大家都说他是雪中送炭的好国王！

yì máo bù bá

# 一毛不拔

## Never Part with a Penny

gǔ shí hou yǒu gè jiào wáng shù de yǒu qián rén
**古时候**有个叫王树的**有钱人**，
In **ancient times**, there was a **rich man** named Wang Shu.

tā rèn wéi qián jiù shì yí qiè suǒ yǐ fēi cháng lìn sè
他**认为**钱就是**一切**，所以非常**吝啬**。
He **thought** money was **everything**, so he was very **stingy**.

tā měi tiān nǔ lì de zhèng qián què hěn shǎo yuàn yì huā qián
他每天**努力**地**挣钱**，却**很少**愿意**花钱**。
He **worked hard** every day **to make money**, yet was **rarely** willing to **spend money**.

hòu lái tā jiù yào sǐ le jiā rén péng yǒu dōu lái kàn tā
后来他<u>**就要死了**</u>，**家人朋友**都来看他。
Later, he <u>**was** dying</u>, and his **family and friends** all came to see him.

tā màn màn de cóng chuáng shang zuò qǐ lái hǎo xiàng yào shuō shén me
他慢慢地<u>**从**床上**坐起来**</u>，好像要**说什么**。
He slowly <u>**sat up from** the bed</u>, as if he wanted **to say something**.

dà jiā yǐ wéi tā yǒu shén me zhòng yào de shì yào shuō
大家**以为**他有什么**重要**的事要说。
Everyone **assumed** he had something **important** to say.

一个人问："我懂你的意思，是不是担心孩子？"

One person asked: "I **understand** what you mean, are you **worried about** your children?"

王树摇头，然后另一个人问："是不是没有交代存款？"

Wang Shu **shook** his **head**. Then **another person** asked: "Haven't you **explained** the savings?"

王树又摇头。王树的妻子看了桌上的两根蜡烛，

Wang Shu **shook** his **head** again. Wang Shu's **wife** looked at the two **candles** on the table,

然后问他："是不是想节约蜡烛，让我吹灭一根？"

then asked him: "Are you trying to **save** candles? Should I **blow** one **out**?"

王树马上点头。后来他终于能说话了，

Wang Shu **nodded** immediately. Later, he was **finally** able to speak,

他说："我这一生很节俭，也希望你们一直节俭。

and said: "I've been **frugal** in my life, and I hope you will **always** be frugal too.

现在我就要死了，有几个心愿：

Now I am **about to** die, and I have a few **wishes**:

第一：把我剩下的卫生纸送给参加葬礼的客人。

First: Give my leftover **toilet paper** to the guests attending my **funeral**.

第二：挖坑埋我，不要用棺材，毕竟太贵了。

Second: **Dig a pit** to bury me, don't use a **coffin**, after all, it's too **expensive**.

第三：拔下我的毛发做刷子，要全拔，一根毛发也不剩，

Third: **Pluck** all my **body hair** to make brushes—pluck it all, <u>**not** leaving **a single** strand</u>,

这样你们就不用花钱买新刷子。"

<u>**so that**</u> you don't need to spend money to buy new **brushes**."

之后他就一句话也没说，断气了。

After that, <u>**without** saying **anything** else</u>, he **took** his **last breath**.

## Summary

This is a humorous tale behind the Chinese idiom 一毛不拔 (yī máo bù bá). Literally it means "not plucking a single hair", but can be translated as **"never part with a penny"** or **"extremely stingy."** It tells of a wealthy man so stingy that even on his deathbed, he was still obsessively trying to save money in the most ridiculous ways. The idiom is used to describe someone who is selfish and extremely unwilling to help others, especially when it involves money or resources.

## Learning Tip

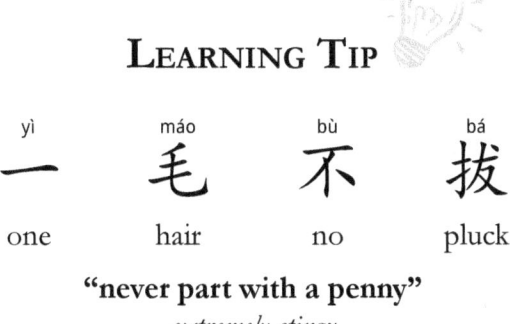

| yì | máo | bù | bá |
|---|---|---|---|
| 一 | 毛 | 不 | 拔 |
| one | hair | no | pluck |

**"never part with a penny"**
*extremely stingy*

**1.** 王树是个一毛不拔的人，没人喜欢他。
wáng shù shì gè yì máo bù bá de rén, méi rén xǐ huān tā

Wang Shu is an **extremely stingy** person, no one likes him.

**2.** 他虽然是百万富翁，但是一毛不拔！
tā suī rán shì bǎi wàn fù wēng, dàn shì yì máo bù bá

Although he is a millionaire, he **never parts with a penny**!

### Write Your Own Sentence

# Key Vocabulary

| | | | | | | |
|---|---|---|---|---|---|---|
| 挣钱 zhèng qián | v. | to make money | | 心愿 xīn yuàn | n. | (heart) wish |
| 花钱 huā qián | v. | to spend money | | 愿意 yuàn yì | v. | be willing to |
| 认为 rèn wéi | v. | to think (logically) | | 意思 yì si | n. | meaning |
| 以为 yǐ wéi | v. | to assume (wrongly) | | 有钱人 yǒu qián rén | n. | rich person |
| 节约 jié yuē | v. | to save (opposite to waste) | | 客人 kè rén | n. | guest |
| 节俭 jié jiǎn | adj. | frugal | | 吝啬 lìn sè | adj. | stingy |
| 一切 yí qiè | n. | everything | | 刷子 shuā zi | n. | brush |
| 一生 yì shēng | n. | one's life | | 存款 cún kuǎn | n. | savings |
| 一直 yì zhí | adv. | always | | 卫生纸 wèi shēng zhǐ | n. | toilet paper |

# Sentence Patterns

## 就要…了
**an event/action is about to happen**

**subject** + 就要 (jiù yào) + **verb** + 了 (le)

我就要死了。
wǒ jiù yào sǐ le

*I am about to die.*

## 一…也不/没…
**not even one** (emphasize negation)

一 (yì) + (measure word) + **noun** + 也不/没 (yě bù / méi) + **verb**

一根毛发也不剩；一句话也没说。
yì gēn máo fà yě bú shèng; yí jù huà yě méi shuō

*Not leaving a single strand; without saying anything else.*

# CHINESE VERSION

古时候有个叫王树的有钱人,
他认为钱就是一切,所以非常吝啬。
他每天努力地挣钱,却很少愿意花钱。
后来他就要死了,家人朋友都来看他。
他慢慢地从床上坐起来,好像要说什么。
大家以为他有什么重要的事要说。
一个人问:"我懂你的意思,是不是担心孩子?"
王树摇头,然后另一个人问:"是不是没有交代存款?"
王树又摇头。王树的妻子看了桌上的两根蜡烛,
然后问他:"是不是想节约蜡烛,让我吹灭一根?"
王树马上点头。后来他终于能说话了,
他说:"我这一生很节俭,也希望你们一直节俭。
现在我就要死了,有几个心愿:
第一:把我剩下的卫生纸送给参加葬礼的客人。
第二:挖坑埋我,不要用棺材,毕竟太贵了。
第三:拔下我的毛发做刷子,要全拔,一根毛发也不剩,
这样你们就不用花钱买新刷子。"
之后他就一句话也没说,断气了。

# 酒肉朋友
## jiǔ ròu péng yǒu

### Fair-weather Friend

有个人叫赵朋，不算有钱，但有很多朋友。
yǒu gè rén jiào zhào péng, bú suàn yǒu qián, dàn yǒu hěn duō péng yǒu

There was a man named Zhao Peng; he **wasn't considered** rich, but had many **friends**.

因为他对朋友非常慷慨，大家都喜欢他。
yīn wèi tā duì péng yǒu fēi cháng kāng kǎi, dà jiā dōu xǐ huān tā

Because he was very **generous to** his friends, everyone liked him.

他爱请客，和朋友们一起吃早餐、午餐和晚餐。
tā ài qǐng kè, hé péng yǒu men yì qǐ chī zǎo cān, wǔ cān hé wǎn cān

He loved **treating others**, having breakfast, **lunch**, and **dinner** together with friends.

而且他们每次吃饭，都是他付钱。
ér qiě tā men měi cì chī fàn, dōu shì tā fù qián

And **every time** they ate, it was **always** him who paid.

朋友们经常点大鱼大肉，但他从不抱怨。
péng yǒu men jīng cháng diǎn dà yú dà ròu, dàn tā cóng bù bào yuàn

His friends often ordered **lavish dishes**, but he **never** complained.

他在家的时候，一些朋友甚至不请自来，
tā zài jiā de shí hou, yì xiē péng yǒu shèn zhì bù qǐng zì lái

**When** he was at home, some friends even **came uninvited**,

<sup>zǒng shì zài tā jiā gēn tā yì qǐ **dà chī dà hē**</sup>
**总**是在他家跟他一起**大吃大喝**。
and always **ate and drank lavishly** with him at his house.

<sup>yīn wèi péng yǒu bǐ **yì bān rén** duō tā jué de hěn **yǒu miàn zi**</sup>
因为朋友比**一般人**多,他觉得很**有面子**。
As he had more friends than the **average person**, he felt very **proud** (has 'face').

<sup>kě shì tā **huā qián** tài duō cún kuǎn **zǎo jiù** méi duō shǎo **le**</sup>
可是他**花钱**太多,存款**早就**没多少**了**。
But he **spent** too much **money**, his savings **had long been** depleted.

<sup>wèi le **jì xù qǐng kè** zhào péng dāng le **xiǎo tōu** dàn bèi **dài bǔ** le</sup>
为了**继续请客**,赵朋当了**小偷**,但被**逮捕**了。
In order to **continue** to treat others, Zhao Peng became a **thief**, but was **arrested**.

<sup>tā **xī wàng** péng yǒu men lái **jiān yù** kàn tā rán hòu **shú** tā</sup>
他**希望**朋友们来**监狱**看他,然后**赎**他。
He **hoped** his friends would come to the **prison** to see him and then **bail** him **out**.

<sup>kě shì **yí gè yuè** guò qù le **yí gè** péng yǒu **yě méi** lái</sup>
可是**一个月**过去了,**一个**朋友**也没**来。
However **a month** passed, **not even a single** friend came.

<sup>tā yuè lái yuè **shī wàng** bù dǒng nà xiē péng yǒu **wèi shén me** bù lái</sup>
他越来越**失望**,不懂那些朋友**为什么**不来。
He became more and more **disappointed**, and didn't understand **why** those friends didn't come.

<sup>**yì nián duō** le tā chè dǐ gǎn dào **jué wàng** zhōng yú **fā xiàn** le</sup>
**一年多**了,他彻底感到**绝望**,终于**发现**了:
After **more than a year**, he felt completely **desperate**, and finally **realized**:

<sup>tā men zhǐ **zài hu** jiǔ ròu **yì diǎn yě bú zài hu** tā</sup>
他们只**在乎**酒肉,**一点也不在乎**他!
they only **cared about** wine and meat, and did **not** care about him **at all**!

<sup>yí gè **yù yǒu** tīng shuō hòu duì tā shuō nǐ zhè **bèn dàn**</sup>
一个**狱友**听说后,对他说:"你这**笨蛋**,
After hearing this, a **cellmate** said to him: "You **idiot**,

<sup>tā men **zhǐ shì** jiǔ ròu péng yǒu **zhǐ yǒu** lì yì **cái** néng wéi chí guān xi</sup>
他们**只是**酒肉朋友,**只有**利益**才**能维持关系!"
they are **just** fair-weather friends, and **only** self-interests **can** maintain the relationship!"

# Summary

This is the story behind the Chinese idiom 酒肉朋友 (jiǔ ròu péng yǒu) — **Fair-weather Friend**. It describes so-called friends who are only around during good times and for pleasure (like food and wine) but disappear when you need them. The idiom highlights the idea of superficial relationships based on convenience rather than true friendship.

# Learning Tip

| jiǔ | ròu | péng | yǒu |
|---|---|---|---|
| 酒 | 肉 | 朋 | 友 |
| wine | meat | friend | |

**"fair-weather friend"**

**1**

wǒ fā xiàn tā shì **jiǔ ròu péng yǒu** hòu, jiù gēn tā jué jiāo le
我发现他是**酒肉朋友**后，就跟他绝交了。

After I realized he was a **fair-weather friend**, I cut ties with him.

**2**

wǒ xū yào de shì zhēn xīn péng yǒu, bú shì **jiǔ ròu péng yǒu**
我需要的是真心朋友，不是**酒肉朋友**！

What I need are true friends, not **fair-weather friends**!

*Write Your Own Sentence*

# KEY VOCABULARY

| | | |
|---|---|---|
| zǎo cān 早餐 | n. | breakfast |
| wǔ cān 午餐 | n. | lunch (meal) |
| wǎn cān 晚餐 | n. | dinner |
| xī wàng 希望 | v. | to hope |
| shī wàng 失望 | adj. | disappointed |
| jué wàng 绝望 | adj. | desperate |
| fù qián 付钱 | v. | to pay (make a payment) |
| kāng kǎi 慷慨 | adj. | generous |
| jì xù 继续 | v. | to continue |
| jiān yù 监狱 | n. | prison |
| yù yǒu 狱友 | n. | cellmate (prison friend) |
| nà xiē 那些 | pro. | those |
| yì xiē 一些 | pro. | some |
| yì bān rén 一般人 | n. | average person |
| qǐng kè 请客 | v. | to stand treat |
| bù qǐng zì lái 不请自来 | idiom | to come uninvited |
| dà yú dà ròu 大鱼大肉 | idiom | lavish dishes (big fish big meat) |
| dà chī dà hē 大吃大喝 | phr. | to have a feast; to eat and drink lavishly |

# SENTENCE PATTERNS

**早就...了**
indicate an action occurred or completed long ago

subject + 早就(zǎo jiù) + verb + (complement) + 了(le)

存款早就没多少了。
(cún kuǎn zǎo jiù méi duō shǎo le)

*The savings had long been depleted.*

**只有...才...**
indicate result occurs only if the condition is met

只有(zhǐ yǒu) + condition + 才(cái) + result

只有利益才能维持关系！
(zhǐ yǒu lì yì cái néng wéi chí guān xi)

*Only self-interests can maintain the relationship!*

# Chinese Version

有个人叫赵朋,不算有钱,但有很多朋友。
因为他对朋友非常慷慨,大家都喜欢他。
他爱请客,和朋友们一起吃早餐、午餐和晚餐。
而且他们每次吃饭,都是他付钱。
朋友们经常点大鱼大肉,但他从不抱怨。
他在家的时候,一些朋友甚至不请自来,
总是在他家跟他一起大吃大喝。
因为朋友比一般人多,他觉得很有面子。
可是他花钱太多,存款早就没多少了。
为了继续请客,赵朋当了小偷,但被逮捕了。
他希望朋友们来监狱看他,然后赎他。
可是一个月过去了,一个朋友也没来。
他越来越失望,不懂那些朋友为什么不来。
一年多了,他彻底感到绝望,终于发现了:
他们只在乎酒肉,一点也不在乎他!
一个狱友听说后,对他说:"你这笨蛋,
他们只是酒肉朋友,只有利益才能维持关系!"

谚 yàn
语 yǔ
故 gù
事 shi

Chinese Proverbs

# 22 一问三不知

*yī wèn sān bù zhī*

## COMPLETELY CLUELESS

春秋时期,强大的晋国要攻打弱小的郑国。

During the **Spring and Autumn** period, the **powerful** State of Jin wanted to attack the **weak** State of Zheng.

郑国无法抵抗,就派人去齐国求救。

Zheng was **unable** to resist, so it **sent** people to the state of Qi **to ask for help**.

齐国是邻国,知道只要晋国成功,就会威胁自己。

Qi was a **neighbouring country**, and it knew that **as long as** Jin succeeded, it **would** threaten Qi itself.

所以,齐国就派将军陈成子带军队去援救。

So Qi sent **General** Chen Chengzi to lead the **army** to rescue.

他们到达河岸的时候,突然下暴雨;士兵们不敢前进。

When they **reached** the riverbank, a sudden **storm** broke out; the soldiers **dared not** to advance.

陈成子也很**犹豫**。这时候郑国的**向导**说：

Chen Chengzi was also very **hesitant**. At this time, the **guide** of Zheng said:

"如果现在**不过河**，明天郑国就可能**被灭**了。

"If we don't **cross the river** now, Zheng may **be destroyed** tomorrow.

这条河**不算**危险，我**保证**士兵们能**安全**过去。"

This river is **not considered** dangerous, I **guarantee** that the soldiers can cross **safely**."

陈成子**想了想**，命令大家**保持**冷静，立刻过河，不可**后退**。

Chen Chengzi **thought for a while** and ordered everyone **to remain** calm, cross the river immediately, and not **to step back**.

**经过**一晚的努力，整个军队顺利过河了。

**After** a night of hard work, the entire army successfully crossed the river.

他们**及时**到达了，准备和郑国的军队**并肩作战**。

They arrived **in time** and were **ready** to **fight side by side** with the army of Zheng.

晋国**将军**苟瑶看到后**慌**了，打算**间接**劝陈成子**撤退**。

Jin's **general** Gou Yao **panicked** when he saw this and planned to **indirectly** persuade Chen Chengzi **to retreat**.

他**立刻**去见了陈成子，**对他说**：

He **immediately** went to see Chen Chengzi and **said to** him:

"如果你们**参与**战争，**必然**会成为我们的**敌人**。

"If you **participate in** the war, you will **inevitably** become our **enemy**.

你不怕我们**攻打**郑国后，就去**攻打**你们国家吗？"

Are you not afraid that we will **attack** your state after **attacking** Zheng?"

陈成子笑了一下，**直接**问了他三个**问题**：

Chen Chengzi smiled a bit and **directly** asked him three **questions**:

"你知道我们的军队**一共**有多少人吗？

"Do you know how many people there are **in total** in our army?

你知道我们的**目的**和**计划**吗？

Do you know our **purpose** and **plan**?

你为什么**认为**我国怕**成为**你们的敌人？"

Why do you **think** my state is afraid of **becoming** your enemy?"

苟瑶居然**沉默**了，不知道**怎么**回答，就**离开**了。

Gou Yao **became silent** unexpectedly, not knowing **how to** answer, he then **left**.

他感叹自己**一问三不知**，之后**撤军**了。

He sighed at his own **complete cluelessness** (failure of answering the three questions), and afterwards, **withdrew the troops**.

# Summary

This is the historical story behind the Chinese proverb 一问三不知 (yí wèn sān bù zhī), which can be translated as "**completely clueless**." It tells of a general who gave up fighting after failing to answer three questions posed by his opponent, showing how a lack of knowledge can lead to insecurity and defeat.

The proverb is commonly used to criticize someone who is expected to know something but doesn't—especially in situations where ignorance results in poor decisions or negative consequences, whether in life or at work.

# Learning Tip

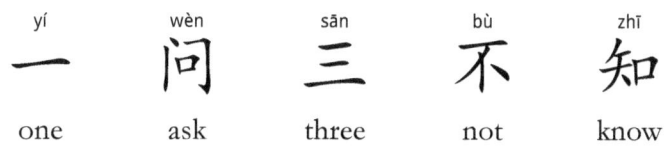

| yí | wèn | sān | bù | zhī |
|---|---|---|---|---|
| 一 | 问 | 三 | 不 | 知 |
| one | ask | three | not | know |

"completely clueless"

**1.** jīng lǐ zài huì yì shang **yí wèn sān bù zhī**, ràng lǎo bǎn hěn shī wàng
经理在会议上一问三不知，让老板很失望。
The manager was **completely clueless** during the meeting, which made the boss very disappointed.

**2.** nǐ yào zuò chōng fèn de zhǔn bèi, bú yào **yí wèn sān bù zhī**
你要做充分的准备，不要一问三不知。
You need to make thorough preparations and not be **completely clueless** (when asked).

*Write Your Own Sentence*

# Key Vocabulary

| | | | | | | | |
|---|---|---|---|---|---|---|---|
| zhí jiē 直接 | adj. | direct | | qiáng dà 强大 | adj. | powerful | |
| jiàn jiē 间接 | adj. | indirect | | ruò xiǎo 弱小 | adj. | weak | |
| jū rán 居然 | adv. | unexpectedly | | qián jìn 前进 | v. | to advance; to move forward | |
| bì rán 必然 | adv. | inevitably | | hòu tuì 后退 | v. | to step back | |
| bǎo zhèng 保证 | v. | to guarantee | | jiāng jūn 将军 | n. | general | |
| bǎo chí 保持 | v. | to keep; to remain | | jūn duì 军队 | n. | army | |
| qiú jiù 求救 | v. | to ask for help | | chè tuì 撤退 | v. | to retreat | |
| yuán jiù 援救 | v. | to rescue | | chè jūn 撤军 | v. | to withdraw troops | |
| jì huà 计划 | n. | plan | | bìng jiān zuò zhàn 并肩作战 | idiom | to fight side by side | |

# Sentence Patterns

## 只要... 就...
*as long as...*

zhǐ yào
**只要** + condition + **就** + result
jiù

zhǐ yào jìn guó chéng gōng, jiù huì wēi xié zì jǐ
只要晋国成功,就会威胁自己。

*As long as Jin succeeded, (then) it would threaten Qi itself.*

## 经过...
*after...*

jīng guò
**经过** + event + result

jīng guò yì wǎn de nǔ lì, zhěng gè jūn duì shùn lì guò hé le
经过一晚的努力,整个军队顺利过河了。

*After a night of hard work, the entire army successfully crossed the river.*

# Chinese Version

春秋时期，强大的晋国要攻打弱小的郑国。
郑国无法抵抗，就派人去齐国求救。
齐国是邻国，知道只要晋国成功，就会威胁自己。
所以，齐国就派将军陈成子带军队去援救。
他们到达河岸的时候，突然下暴雨。士兵们不敢前进。
陈成子也很犹豫。这时候郑国的向导说：
"如果现在不过河，明天郑国就可能被灭了。
这条河不算危险，我保证士兵们能安全过去。"
陈成子想了想，命令大家保持冷静，立刻过河，不可后退。
经过一晚的努力，整个军队顺利过河了。
他们及时到达了，准备和郑国的军队并肩作战。
晋国将军苟瑶看到后慌了，打算间接劝陈成子撤退。
他立刻去见了陈成子，对他说：
"如果你们参与战争，必然会成为我们的敌人。
你不怕我们攻打郑国后，就去攻打你们国家吗？"
陈成子笑了一下，直接问了他三个问题：
"你知道我们的军队一共有多少人吗？
你知道我们的目的和计划吗？
你为什么认为我国怕成为你们的敌人？"
苟瑶居然沉默了，不知道怎么回答，就离开了。
他感叹自己一问三不知，之后撤军了。

# 23

*rén bù kě mào xiàng*
# 人不可貌相

## DON'T JUDGE A MAN BY THEIR APPEARANCE

zài gǔ dài, yǒu gè yǔ zhòng bù tóng de jì nǚ jiào yáo qín
### 在古代,有个与众不同的妓女叫瑶琴。

In **ancient times**, there was a **unique** prostitute named Yaoqin.

tā suī rán lái zì fù guì jiā tíng què zài zhàn zhēng zhōng bèi guǎi mài dào le hóng dēng qū
### 她虽然来自富贵家庭,却在战争中被拐卖到了红灯区。

**Although** she came from a wealthy family, (**yet**) she was trafficked to the red-light district during the war.

yīn wèi cái mào shuāng quán tā de dì wèi hé míng shēng hěn gāo
### 因为才貌双全,她的地位和名声很高。

Because she was **both knowledgeable and good-looking**, she held a high **status** and a great **reputation**.

yì bān zhǐ yǒu yǒu qián de guì zú hé shāng rén cái néng jiàn dào tā
### 一般只有有钱的贵族和商人才能见到她。

Generally, **only** rich **nobles** and **businessmen** could manage to see her.

bú guò tā yì zhí xī wàng yù dào ài tā de rén dài tā lí kāi
### 不过,她一直希望遇到爱她的人带她离开。

However, she had **always** hoped to **encounter** someone who loved her and would take her away.

一天，卖油的**年轻人**秦重看见她坐在马车里。
One day, Qin Zhong, a **young man** selling oil, saw her sitting in a **carriage**.

秦重**被**她的美貌**惊呆了**，对她**一见钟情**。
Qin Zhong **was stunned by** her beauty and **fell in love at first sight** with her.

他只是个**工人**，为了见她，每天**省吃俭用**，存了三年的钱。
He was just a **worker**; in order to see her, he **lived frugally** every day and saved money for 3 years.

三年后他**终于**见到了她；可是她**当天**病了，还不断**呕吐**。
Three years later, he **finally** saw her; but she was sick **that day**, and constantly **vomiting**.

秦重却很**耐心**，像个护士一样**照顾**了她整晚。
Yet Qin Zhong was very **patient** and **took care of** her like a nurse all night.

她第一次**感到**有人这么**尊重**她，开始**对他有好感**。
For the first time, she **felt** that someone **respected** her so much and began to **have feelings for** him.

秦重**离开**后很想她，但是只能**从远处静静地看她**。
After Qin Zhong **left**, he missed her a lot, but could only watch her quietly **from a distance**.

他每天都想着怎样**筹钱**帮她离开**红灯区**。
Every day he thought about how **to raise money** to help her leave the **red-light district**.

半年后的一天，瑶琴和客户争吵，被推入了河里。

One day, **half a year** later, Yaoqin **had an argument with** a client and was **pushed into** the river.

在她快淹死的时候，秦重出现，救了她；她感动得哭了。

When she **was about to drown**, Qin Zhong **appeared** and saved her; she's so **moved** that she cried.

以前那些喜欢她的人，有的有钱有势；

In the past, **those** who liked her, some were **rich and powerful**;

有的相貌出众，却都不用真心对她。

some **had outstanding appearances**, but none of them treated her with **a true heart**.

而秦重无钱无势，相貌普通，却用真心对她。

By contrast, Qin Zhong **had no money, no power**, and an **ordinary** appearance, yet he treated her with **a true heart**.

于是她把全部存款付给了红灯区的老板，换回了自由。

So she paid all her **savings** to the **boss** of the red-light district in exchange for her **freedom**.

接着，她和秦重结婚了，一辈子都很幸福。

Then she and Qin Zhong **got married** and they lived happily **all their life**.

# Summary

This story is taken from the renowned love tale 《卖油郎独占花魁》 — *The Oil Vendor Wins the Courtesan's Heart* — and is generally believed to be the origin of the proverb: 人不可貌相，海水不可斗量 — meaning "**You cannot judge a man by his appearance, just as you cannot use a bucket to measure the sea water.**"

In the story, a humble oil vendor, through his perseverance and kindness, won the love of a renowned courtesan, symbolizing the triumph of virtue and sincerity over social status and appearances. The proverb is often used to emphasize the importance of a person's inner character over their outward appearance.

# Learning Tip

rén　　bù　kě　　　mào　xiàng
# 人　不　可　　貌　相

person　　should not　　be judged by appearance

**"don't judge a man by their appearance"**

**1**

xiāng qīn de shí hou, yào jì zhù: **rén bù kě mào xiàng**
相亲的时候，要记住：**人不可貌相**。

When you're on a blind date, remember: **don't judge a man by their appearance.**

**2**

**rén bù kě mào xiàng** tā suī rán chǒu, dàn shì fēi cháng cōng ming
**人不可貌相**。他虽然丑，但是非常聪明！

**Don't judge a man by their appearance.** Although he's ugly, he is very smart!

*Write Your Own Sentence*

# Key Vocabulary

| | | | | | |
|---|---|---|---|---|---|
| 工人 (gōng rén) | n. | worker | 尊重 (zūn zhòng) | v. | to respect |
| 商人 (shāng rén) | n. | businessman | 争吵 (zhēng chǎo) | v. | to argue |
| 地位 (dì wèi) | n. | status | 名声 (míng shēng) | n. | reputation |
| 相貌 (xiàng mào) | n. | appearance | 年轻人 (nián qīng rén) | n. | young people |
| 美貌 (měi mào) | n. | beauty (appearance) | 无钱无势 (wú qián wú shì) | phr. | have no money or power |
| 耐心 (nài xīn) | adj. | patient | 有钱有势 (yǒu qián yǒu shì) | idiom | rich and powerful |
| 真心 (zhēn xīn) | n. / adj. | true heart / sincere | 一见钟情 (yí jiàn zhōng qíng) | idiom | to fall in love at first sight |
| 普通 (pǔ tōng) | adj. | ordinary | 才貌双全 (cái mào shuāng quán) | idiom | knowledgeable and good-looking |
| 出众 (chū zhòng) | adj. | outstanding | 省吃俭用 (shěng chī jiǎn yòng) | idiom | to live frugally |

# Sentence Patterns

**虽然...却...**

*although... (but/yet)*

虽然 (suī rán) + condition + 却 (què) + result

她虽然来自富贵家庭，却在战争中被拐卖到了红灯区。
(tā suī rán lái zì fù guì jiā tíng, què zài zhàn zhēng zhōng bèi guǎi mài dào le hóng dēng qū)

*Although she came from a wealthy family, (yet) she was trafficked to the red-light district during the war.*

**对...有好感**

*have feelings for someone (positive)*

A + 对 (duì) + B + 有好感 (yǒu hǎo gǎn)

她开始对他有好感。
(tā kāi shǐ duì tā yǒu hǎo gǎn)

*She began to have feelings for him.*

# Chinese Version

在古代，有个与众不同的妓女叫瑶琴。
她虽然来自富贵家庭，却在战争中被拐卖到了红灯区。
因为才貌双全，她的地位和名声很高。
一般只有有钱的贵族和商人才能见到她。
不过，她一直希望遇到爱她的人带她离开。
一天，卖油的年轻人秦重看见她坐在马车里。
秦重被她的美貌惊呆了，对她一见钟情。
他只是个工人，为了见她，每天省吃俭用，存了三年的钱。
三年后他终于见到了她；可是她当天病了，还不断呕吐。
秦重却很耐心，像个护士一样照顾了她整晚。
她第一次感到有人这么尊重她，开始对他有好感。
秦重离开后很想她，但是只能从远处静静地看她。
他每天都想着怎样筹钱帮她离开红灯区。
半年后的一天，瑶琴和客户争吵，被推入了河里。
在她快淹死的时候，秦重出现，救了她；她感动得哭了。
以前那些喜欢她的人，有的有钱有势；
有的相貌出众，却都不用真心对她。
而秦重无钱无势，相貌普通，却用真心对她。
于是她把全部存款付给了红灯区的老板，换回了自由。
接着，她和秦重结婚了，一辈子都很幸福。

## 24

làng zǐ huí tóu jīn bú huàn

# 浪子回头金不换

## A Prodigal Who Returns is Worth More Than Gold

míng cháo yǒu gè **làng dàng zǐ** jiào tiān bǎo lái zì **fù yù** jiā tíng
明朝有个**浪荡子**叫天宝，来自**富裕**家庭。

In the Ming Dynasty, there was a **prodigal** named Tianbao, who came from a **wealthy** family.

tā shì **fù èr dài** jué de **méi bì yào** gōng zuò tiān tiān **chī hē wán lè**
他是**富二代**，觉得**没必要**工作，天天**吃喝玩乐**。

He was a **second-generation rich man** who felt that **there was no need** to work and just **ate, drank and had fun** every day.

tā bà **mà** tā nǐ zhè méi **yuán zé** de hún dàn zhǐ yǒu **duǎn chù** méi yǒu **cháng chù**
他爸**骂**他："你这没**原则**的混蛋，只有**短处**，没有**长处**！"

His dad **scolded** him: "You're a jerk of no **principles**, only have **shortcomings** and no **strengths**!"

hòu lái **bà mā** dōu sǐ le tā hái shì méi yǒu **cháng qī** dǎ suàn
后来**爸妈**都死了，他还是没有**长期**打算。

Later, both his **parents** died, but he still had no **long-term** plans.

tā bù dǒng **chǔ lǐ** cái wù gèng bù dǒng **guǎn lǐ** jiā lǐ de shēng yi
他不懂**处理**财务，更不懂**管理**家里的生意。

He didn't know how **to handle** finances, let alone **manage** the family business.

结果,他在**短期**内就失去了一切,变成了**流浪汉**。

As a result, he lost everything in a **short time** and became a **homeless man**.

一年**冬天**,他爸的朋友李智**看到**他坐在街上发抖,

One **winter**, his dad's friend Li Zhi **saw** him sitting on the street **shivering**,

就**带**他**回家**,并**允许**他住在自己家里。

so he **took** him **home** and **allowed** him to live in his own home.

**为了**让他有工作,李智让他**当**自己女儿的**老师**。

**In order to** give him a job, Li Zhi asked him **to be** his own daughter's **teacher**.

天宝**一开始**认真地教她,**后来**却开始调戏她。

**At first** Tianbao taught her seriously, but **later** began to flirt with her.

李智很**生气**,就**赶走**了天宝,但是给了他**一袋钱**。

Li Zhi was very **angry** and **drove** Tianbao **away**, but gave him **a bag of money**.

天宝**不得不**再次流浪,他感到**又**痛苦**又**后悔。

Tianbao **had to** wander again, and he felt painful **and** regretful.

回想**从前**,他**发现**自己从来都**一无是处**。

Looking back on **the past**, he **found** that he had always **been good for nothing**.

终于他**决定**改变,**带上**所有的钱去了**外地**。

Finally, he **decided** to change and **took** all the money to go to **another place**.

他**一边**学习,**一边**创业,几年后**创立**了自己的**公司**。

He started a business **while** studying, and **founded** his own **company** a few years later.

然后他去了李智家,拿着钱,跪在了李智面前,

Then he went to Li Zhi's house, **holding** the money, and knelt **in front of** Li Zhi.

他说:"先生,对不起;您在我最困难的时候帮助我,

He said: "**Sir**, I'm sorry; you **helped** me when I was in **the most difficult** time,

我不但不感恩,还犯错;请您收下这赔偿费。"

**not only** did I not appreciate it, **but** I **also** made mistakes; please accept this **compensation** (fee)."

李智高兴地说:"家伙,浪子回头金不换,我原谅你了。"

Li Zhi said happily: "Buddy, **a prodigal who returns is worth more than gold**. I **forgive** you."

# Summary

This is the story behind the Chinese proverb 浪子回头金不换 (làng zǐ huí tóu jīn bú huàn) — **a prodigal who returns is worth more than gold**. It describes someone who, after leading a reckless or irresponsible life, acknowledged their mistakes, made significant changes, and became a better person.

The proverb highlights the idea that no matter how far a person has strayed, the act of recognizing their faults and striving to improve themselves is incredibly precious—more valuable than wealth or material success. In Chinese culture, this saying celebrates redemption and the belief that it's never too late to turn one's life around.

# Learning Tip

| 浪 (làng) | 子 (zǐ) | 回 (huí) | 头 (tóu) | 金 (jīn) | 不 (bú) | 换 (huàn) |
|---|---|---|---|---|---|---|
| prodigal | | return | | gold | no | exchange |

**"a prodigal who returns is worth more than gold"**

**1.** 你知错能改，真是浪子回头金不换！
(nǐ zhī cuò néng gǎi, zhēn shì làng zǐ huí tóu jīn bú huàn)
You acknowledged the mistake and corrected it, truly **a prodigal who returns is worth more than gold**!

**2.** 朋友出狱后，我鼓励他：浪子回头金不换。
(péng yǒu chū yù hòu, wǒ gǔ lì tā: làng zǐ huí tóu jīn bú huàn)
After my friend was released from prison, I encouraged him: **A prodigal who returns is worth more than gold**.

*Write Your Own Sentence*

## Key Vocabulary

| | | | |
|---|---|---|---|
| 富裕 (fù yù) | adj. | wealthy | |
| 富二代 (fù èr dài) | slang | 2nd generation rich person | |
| 处理 (chǔ lǐ) | v. | to handle | |
| 管理 (guǎn lǐ) | v. | to manage | |
| 长期 (cháng qī) | n. | long-term | |
| 短期 (duǎn qī) | n. | short-term | |
| 长处 (cháng chù) | n. | strength (of character) | |
| 短处 (duǎn chù) | n. | shortcoming (of character) | |
| 一无是处 (yì wú shì chù) | idiom | to be good at nothing | |
| 创业 (chuàng yè) | v. | to start a business | |
| 创立 (chuàng lì) | v. | to set up | |
| 从来 (cóng lái) | adv. | always (from the beginning) | |
| 从前 (cóng qián) | n. | past | |
| 原谅 (yuán liàng) | v. | to forgive | |
| 原则 (yuán zé) | n. | principle | |
| 流浪 (liú làng) | v. | to wander | |
| 流浪汉 (liú làng hàn) | n. | homeless man | |
| 吃喝玩乐 (chī hē wán lè) | idiom | to eat, drink and have fun | |

## Sentence Patterns

**一开始... 后来...**
at first... later...
(sequence of events)

一开始 + event 1 + 后来 + event 2

天宝<u>一开始</u>认真地教她，<u>后来</u>却开始调戏她。

*At first Tianbao taught her seriously, but later began to flirt with her.*

**不但... 还...**
not only... but also...

subject + 不但 + action 1 + 还 + action 2

我<u>不但</u>不感恩，<u>还</u>犯错。

*Not only did I not appreciate it, but I also made mistakes.*

# Chinese Version

明朝有个浪荡子叫天宝，来自富裕家庭。
他是富二代，觉得没必要工作，天天吃喝玩乐。
他爸骂他："你这没原则的混蛋，只有短处，没有长处！"
后来爸妈都死了，他还是没有长期打算。
他不懂处理财务，更不懂管理家里的生意。
结果，他在短期内就失去了一切，变成了流浪汉。
一年冬天，他爸的朋友李智看到他坐在街上发抖，
就带他回家，并允许他住在自己家里。
为了让他有工作，李智让他当自己女儿的老师。
天宝一开始认真地教她，后来却开始调戏她。
李智很生气，就赶走了天宝，但是给了他一袋钱。
天宝不得不再次流浪，他感到又痛苦又后悔。
回想从前，他发现自己从来都一无是处。
终于他决定改变，带上所有的钱去了外地。
他一边学习，一边创业，几年后创立了自己的公司。
然后他去了李智家，拿着钱，跪在了李智面前，
他说："先生，对不起；您在我最困难的时候帮助我，
我不但不感恩，还犯错；请您收下这赔偿费。"
李智高兴地说："家伙，浪子回头金不换，我原谅你了。"

# 25. dào bù tóng, bù xiāng wéi móu<br>道不同，不相为谋

## FRIENDS WHO FOLLOW DIFFERENT PATHS CANNOT STAY TOGETHER

guǎn níng hé huá xīn shì sān guó shí qī de liǎng wèi xué zhě
管宁和华歆是三国时期的两位学者。
Guan Ning and Hua Xin were two **scholars** during the **Three Kingdoms period**.

tā men shì duō nián hǎo yǒu guān xi běn lái fēi cháng hǎo
他们是多年好友，关系本来非常好。
They had been **good friends** for many years and **originally** had a very good relationship.

tā men cháng cháng yì qǐ xué xí yì qǐ gōng zuò yì qǐ lǚ yóu
他们常常一起学习，一起工作，一起旅游。
They often studied, worked and travelled **together**.

yì tiān tā men chī le wǔ fàn hòu qù cài yuán chú cǎo
一天，他们吃了午饭后去菜园除草，
One day, after **lunch**, they went to the **vegetable garden** to weed,

tū rán kàn jiàn dì shang yǒu yí kuài jīn zi fēi cháng zhí qián
突然看见地上有一块金子，非常值钱。
and suddenly saw **a piece of gold** on the ground, which was very **valuable**.

管宁完全不在乎，华歆却马上捡起来放进包里。

Guan Ning **didn't** care **at all**, yet Hua Xin immediately **picked** it **up** and put it in his bag.

看着华歆的动作，管宁感到又吃惊又失望。

Watching Hua Xin's **actions**, Guan Ning felt shocked **and** disappointed.

他发现在钱财方面，他们的思考方式不一样。

He found that **when it came to** money, their **ways of thinking** were different.

又一天，他们在图书馆看书，门外来了一辆豪车。

Another day, they were reading in the **library**, and a **luxury carriage** came outside the door.

一个富豪从车里走出来，然后在花园里走来走去。

A **rich and powerful man** got out of the carriage and **walked around** in the garden.

管宁继续看书，华歆却望着富豪，对管宁说：

Guan Ning **continued** to read, yet Hua Xin **kept staring at** the rich and powerful man and **said to** Guan Ning:

"这个富豪是个高官，我真想和他交朋友。"

"This **tycoon** is a high-ranking official. I really wish **to make friends with** him."

看着华歆的反应，管宁说："我反对这样的想法；

Looking at Hua Xin's **reaction**, Guan Ning said: "I **oppose** such idea;

我不喜欢这种交友动力，更不认同这种行为。"

I **don't** like this kind of motivation for making friends, and **certainly don't** approve of this type of behavior."

华歆**有点**生气地说:"我不**否认**你的说法,

Hua Xin said **a little** angrily: "I don't **deny** your saying,

可是在**社会**上,**只有**靠强大的关系**才**有机会成功。"

however, in **society**, **only by** relying on powerful connections **can** we have opportunities to succeed."

管宁**回答**:"我一**直淡泊名利**,你**却追名逐利**。

Guan Ning **replied**: "I have always been **indifferent to fame and fortune**, but you **pursue fame and fortune**.

道不同,不相为谋,咱们绝交吧。"

Friends who follow different paths cannot stay together. Let's **cut ties**."

华歆**立刻**说:"好啊! **反正**我也不**在乎**。

Hua Xin **immediately** said: "Okay! **Anyway**, I don't **care** either.

咱们**价值观**不一样,**不适合**做**长远**的朋友。"

We have different **values** and are not **suitable** to be **long-lasting** friends."

然后他们**各自**走了,后来**再也没有**和对方见面。

Then they **each** went their separate ways, and afterwards **never** saw each other **again**.

# Summary

dào bù tóng　bù xiāng wéi móu
**道不同，不相为谋** — **Friends who follow different paths cannot stay together** is a proverb which originates from *The Analects of Confucius* — 论语 (lún yǔ). However, this historical story of Guan Ning and Hua Xin is considered the most well-known example of this proverb. It can also be translated as **"Those who follow different paths cannot work together,"** whether in business or other areas of life.

This proverb emphasizes that in relationships, shared values and common goals are essential for long-lasting connections. In reality, we often see that without these shared principles, no matter how close people may have been at the beginning, they eventually drift apart.

# Learning Tip

| dào | bù | tóng | bù | xiāng | wéi | móu |
|---|---|---|---|---|---|---|
| 道 | 不 | 同， | 不 | 相 | 为 | 谋 |
| road | not | same | not | together | do | plan |

*"friends who follow different paths cannot stay together"*

**1.** 道不同，不相为谋，别担心失去这种朋友。
(dào bù tóng, bù xiāng wéi móu, bié dān xīn shī qù zhè zhǒng péng yǒu.)
**Friends who follow different paths cannot stay together**; don't worry about losing this kind of friend.

**2.** 道不同，不相为谋，我们公司不会和他们合作。
(dào bù tóng, bù xiāng wéi móu, wǒ men gōng sī bú huì hé tā men hé zuò.)
**Those who follow different paths cannot work together**; our company will not collaborate with them.

*Write Your Own Sentence*

# Key Vocabulary

| | | |
|---|---|---|
| fāng shì 方式 | n. | style (of action) |
| fāng miàn 方面 | n. | aspect |
| fù háo 富豪 | n. | rich and powerful person; tycoon |
| háo chē 豪车 | n. | luxury car |
| fǎn yìng 反应 | n. | reaction |
| fǎn zhèng 反正 | adv. | anyway |
| fǎn duì 反对 | v. | to oppose |
| dòng lì 动力 | n. | motivation |
| xíng wéi 行为 | n. | behaviour |
| rèn tóng 认同 | v. | to approve |
| fǒu rèn 否认 | v. | to deny |
| fǒu zé 否则 | conj. | otherwise |
| jiāo (péng) yǒu 交(朋)友 | v. | to make friends |
| jué jiāo 绝交 | v. | to cut ties (friends) |
| zhí qián 值钱 | adj. | valuable (money) |
| jià zhí guān 价值观 | n. | values (principles) |
| dàn bó míng lì 淡泊名利 | idiom | indifferent to fame and fortune |
| zhuī míng zhú lì 追名逐利 | idiom | to seek fame and fortune |

# Sentence Patterns

## 在...方面
**when it comes to / regarding...**

zài + *noun* + fāngmiàn + *clause*
**在** + *noun* + **方面** + *clause*

他发现在钱财方面，他们的思考方式不一样。
tā fā xiàn zài qián cái fāng miàn, tā men de sī kǎo fāng shì bù yí yàng.

*He found that when it came to money, their ways of thinking were different.*

## 不... 更不...
**not... certainly not (emphasize negation)**

*subject* + 不 + *action 1* + 更不 + *action 2*

我不喜欢这种交友动力，更不认同这种行为。
wǒ bù xǐ huān zhè zhǒng jiāo yǒu dòng lì, gèng bú rèn tóng zhè zhǒng xíng wéi.

*I do not like this kind of motivation for making friends, and certainly don't approve of this type of behavior.*

# Chinese Version

管宁和华歆是三国时期的两位学者。
他们是多年好友,关系本来非常好。
他们常常一起学习,一起工作,一起旅游。
一天,他们吃了午饭后去菜园除草,
突然看见地上有一块金子,非常值钱。
管宁完全不在乎,华歆却马上捡起来放进包里。
看着华歆的动作,管宁感到又吃惊又失望。
他发现在钱财方面,他们的思考方式不一样。
又一天,他们在图书馆看书,门外来了一辆豪车。
一个富豪从车里走出来,然后在花园里走来走去。
管宁继续看书,华歆却望着富豪,对管宁说:
"这个富豪是个高官,我真想和他交朋友。"
看着华歆的反应,管宁说:"我反对这样的想法;
我不喜欢这种交友动力,更不认同这种行为。"
华歆有点生气地说:"我不否认你的说法,
可是在社会上,只有靠强大的关系才有机会成功。"
管宁回答:"我一直淡泊名利,你却追名逐利。
道不同,不相为谋,咱们绝交吧。"
华歆立刻说:"好啊!反正我也不在乎。
咱们价值观不一样,不适合做长远的朋友。"
然后他们各自走了,后来再也没有和对方见面。

# ACCESS AUDIO

You can access the Chinese audio for this book absolutely FREE!
Just follow the below instructions to access:

1. **Scan this QR code
   or go to: www.linglingmandarin.com/books**

2. Locate this book in the list of LingLing Mandarin Books

3. Click the "Access Audio" button

4. Enter the password: **ABC88**

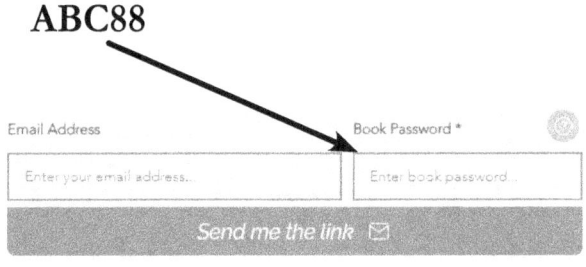

---

## BILINGUAL CHINESE-ENGLISH AUDIOBOOK

The combined Chinese-English audiobook, narrated by native speakers, is available on all major platforms!

 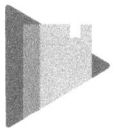  

Barnes&Noble, Audiobooks.com, Libro.fm,
and more

# CHINESE STORIES FOR LANGUAGE LEARNERS

## THE COMPLETE SERIES

LingLing's Chinese Stories for Language Learners is a thoughtfully graded series progressing from elementary to advanced levels, created for learners who enjoy exploring Chinese language, culture, and history through rich, engaging stories.

Each volume builds on the last to support steady growth in reading fluency, vocabulary, grammar, and cultural insight. We encourage you to explore the full series for the most rewarding learning experience.

**ELEMENTARY**
VOLUME 1

**ELEMENTARY**
VOLUME 2

**INTERMEDIATE**
VOLUME 1

**INTERMEDIATE**
VOLUME 2

**ADVANCED**

# NEW HSK VOCABULARY SERIES

LEARN CHINESE VOCABULARY FOR BEGINNERS:
**NEW HSK 1**

LEARN CHINESE VOCABULARY FOR BEGINNERS:
**NEW HSK 2**

LEARN CHINESE VOCABULARY FOR BEGINNERS:
**NEW HSK 3**

LEARN CHINESE VOCABULARY FOR INTERMEDIATE:
**NEW HSK 4**

LEARN CHINESE VOCABULARY FOR INTERMEDIATE:
**NEW HSK 5**

LEARN CHINESE VOCABULARY FOR INTERMEDIATE:
**NEW HSK 6**

---

 **Join LingLing's Free Newsletter!**

Want to boost your Chinese learning with fresh tips, cultural gems, and exclusive updates? Be the first to hear about new book releases, blog posts, and additional content.

**Whether you're a beginner or brushing up your skills, there's something for every learner.**

*Scan the QR code opposite or visit:* www.linglingmandarin.com/notify

# MORE BOOKS BY LINGLING

**CHINESE CONVERSATIONS**
FOR BEGINNERS

**CHINESE CONVERSATIONS**
FOR INTERMEDIATE

**THE ART OF WAR**
FOR LANGUAGE LEARNERS

**CHINESE WRITING FOR KIDS**
WORKBOOK 1
(CHARACTERS 1-100)

**CHINESE WRITING FOR KIDS**
WORKBOOK 2
(CHARACTERS 101-200)

**CHINESE WRITING FOR KIDS**
WORKBOOK 3
(CHARACTERS 201-300)

# CLAIM YOUR FREE EBOOK

www.linglingmandarin.com/beginner-bundle

# ABOUT THE AUTHOR

LingLing is a native Chinese Mandarin educator with an MA in Communication and Language. Originally from China, now living in the UK, she is the founder of the learning brand LingLing Mandarin, which aims to create the best resources for learners to master the Chinese language and achieve deep insight into Chinese culture in a fun and illuminating way. Discover more about LingLing and access more great resources by following the links below or scanning the QR codes.

**WEBSITE**
linglingmandarin.com

**YOUTUBE CHANNEL**
youtube.com/c/linglingmandarin

**PATREON**
patreon.com/linglingmandarin

**INSTAGRAM**
instagram.com/linglingmandarin

www.ingramcontent.com/pod-product-compliance
Lightning Source LLC
Chambersburg PA
CBHW051408070526
44584CB00023B/3340